AF285276

Dr. med. Fritz-Ulrich Deuringer

Frauenarzt und Psychotherapeut

Löse das Problem,
nicht die Schuldfrage

Ein Kompendium aus
Tiefenpsychologisch fundierter Psychotherapie,
Neurolinguistischem Programmieren (NLP) und Neurobiologie

Für
Alexander, Antje, Dagmar,
Dirk, Elke, Gernot und Ragini
(meine unglaubliche „Psycho-Gruppe")

Dr. med. Fritz-Ulrich Deuringer (geb.1954) hat in Heidelberg Humanmedizin studiert und 1991 in Ludwigsburg seinen Facharzt für Frauenheilkunde gemacht. Es folgte ein Intermezzo in der Klinischen Pharmakologie in Tübingen mit vielen Studien und Kongress-Teilnahmen v.a. zum Thema „Hormontherapie in den Wechseljahren". Von 1993 bis 2016 leitete er die Frauenarztpraxis in der Sigel-Klinik Bad Schönborn und ermöglichte den Aufbau der Gynäkologischen Tumornachsorge in der ursprünglich v.a. auf Rheumatologie spezialisierten Reha-Klinik. Ende der 90er absolvierte er eine Ausbildung zum NLP-Master, die sich als hervorragende Propädeutik für die spätere Ausbildung zur Tiefenpsychologisch fundierten Psychotherapie in Pforzheim 2010 bis 2013 an der Akademie für Psychotherapie von Dr. med. Werner Polster herausstellte.
Ende 2016 gab er die Frauenarztpraxis an eine Kollegin im Nachbarort weiter und betreibt seither eine Privatärztliche Psychotherapie-Praxis in Ubstadt-Weiher.
Das vorliegende Kompendium ist in den letzten zwei Jahren entstanden und belegt seine schon immer vorhandene Freude am Aufklären und Unterrichten in möglichst verständlicher Sprache und Darstellung.

Bibliografische Information der Deutschen Nationalbibliothek:
Die Deutsche Nationalbibliothek verzeichnet diese Publikation in der
Deutschen Nationalbibliografie; detaillierte bibliografische Daten sind
im Internet über dnb.dnb.de abrufbar.

© 2021 Dr. med. Fritz-Ulrich Deuringer

Herstellung und Verlag: BoD – Books on Demand, Norderstedt

ISBN: 978-3-75575575-3

Dr. med. Fritz-Ulrich Deuringer

Frauenarzt und Psychotherapeut

Löse das Problem,
nicht die Schuldfrage

Ein Kompendium aus
Tiefenpsychologisch fundierter Psychotherapie,
Neurolinguistischem Programmieren (NLP) und Neurobiologie

Inhaltsverzeichnis:

Ein persönliches Vorwort

Neurobiologie des Bindungsbedürfnisses
Bindungserfahrung – Selbstregulation lernen
Trennungserlebnis, Panik und Schmerz
Ziele einer Psychotherapie
Das Grundbedürfnis nach Selbstwerterhöhung und
Selbstwertschutz
Warum werten sich manche Menschen selber ab?
Warum ist ein stabiles Selbstbild oft so wichtig?
Das Stellvertreter-Selbstbild
Selbstbewusstsein bewusst und unbewusst
Selbstwerterhöhung und psychische Gesundheit
Das Grundbedürfnis nach Lustgewinn und Unlustvermeidung

Kapitel 3
Lerne, dich auf das zu konzentrieren, was du verändern kannst
Das Mobile
Trampelpfade des Geistes
Lösungen finden im Traum
Wie Lernen funktioniert (Neuronale Plastizität)
Beispiel für Konditionierung (Hebb'sche Plastizität)
Von der Motivation zur Handlung
Warum ist „Multitasking" nicht möglich?
Was passiert, wenn das Frontalhirn geschädigt ist?
Change it – leave it – or love it
Krise als Chance
Zielehierarchien und Regeln
Der PFC als Experte für Regeln
Was ist Bewusstsein?
Der freie Wille
Schlussfolgerungen für die Psychotherapie bzw. Veränderungsarbeit

Ein persönliches Vorwort

"Löse das Problem, nicht die Schuldfrage". Der Satz stammt aus dem Film mit Sean Connery "Die Wiege der Sonne" und ist angeblich ein japanisches oder chinesisches Sprichwort.
Ob das stimmt, weiß ich nicht, aber es fasst das Konzept meiner Vorstellung von Psychotherapie wunderbar zusammen.

Während man zu Freuds Zeiten und noch bis in die 90er Jahre des letzten Jahrhunderts v.a. geschaut hat, wo in der Kindheit welche Traumata zu welchen Störungen geführt haben, und dabei oft auch nicht an Schuldzuweisungen z.B. an die Eltern vorbei kam, schauen wir heute meistens nur am Anfang relativ kurz in die Biographie – manchmal auch mehrfach bzw. immer wieder - und versuchen zu verstehen, wie jemand **so** geworden ist, **wie** er geworden ist, und versuchen dann mit diesem Wissen die aktuellen Probleme für die Zukunft zu lösen:

Prinzipielles Vorgehen:
1. Schritt: Rückschau in die Vergangenheit
– wann und wo sind welche Muster entstanden?
2. Schritt: Verständnis für die Gegenwart
– wie wirken diese Muster heute noch?
3. Schritt: Ziel = Lösungen für die Zukunft
– gibt es neue, bessere Muster?

Wir wissen aus der modernen Hirnforschung, dass grundlegende Eigenschaften, wie z.B. "Temperament" sich z.T. sogar schon vorgeburtlich entwickelt haben, und weitere in der ganz frühen Kindheit entstanden sind, v.a. in den ersten zwei Lebensjahren, also lange, bevor eine verstandesmäßige Reflexion möglich ist. D.h. eine tiefergreifende Veränderung der Persönlichkeit ist nur begrenzt möglich. Das "Arbeiten an der Struktur" als Hauptziel der klassischen

Psychoanalyse wurde zum Leidwesen der Analytiker somit weitgehend verdrängt. Dafür tritt ganz stark die Einbeziehung der Erkenntnisse der Neurowissenschaften seit Mitte der Neunziger in den Fokus der modernen Psychotherapie.

Auch wenn ich als Quereinsteiger sicher nicht berufen bin, hier eine umfassende und abschließende Expertise zum derzeitigen Stand zu liefern, möchte ich doch versuchen, meine praktischen Erfahrungen und theoretischen Überlegungen dazu weiterzugeben. Kritik ist dabei nicht nur vorprogrammiert sondern erwünscht, sofern sie konstruktiv ist und dem Erkenntnisgewinn dient.

Das Buch ist keine wissenschaftliche Abhandlung. Ich verzichte daher auch bewusst auf exakte Literaturangaben. Über manche Aussagen gibt es verschiedene Theorien, deren differenzierte Behandlung den Rahmen und die Intention des Buches sprengen würde, z.B. über die Frage: Was ist Bewusstsein? Ich habe mich immer für die Theorie entschieden, die am besten in das Mosaik meiner bisherigen Erfahrungs- und Vorstellungswelt passt.

Ich habe das Buch für interessierte Laien und v.a. für meine Patientinnen und Patienten geschrieben, die oft dankbar waren, wenn ich ihnen die Zusammenhänge zwischen Hirnfunktionen und Therapieziel möglichst verständlich erklärt habe. Vor allem waren sie dann auch viel eher bereit, Anregungen zur Veränderung aufzunehmen und umzusetzen, was immer das eigentliche Ziel von Psychotherapie sein sollte. Auch habe ich die Hoffnung, dass manche meiner Kolleginnen und Kollegen davon profitieren können.

Im **Anhang 03** stelle ich Ihnen die wichtigsten Hirnstrukturen vor, etwa so wie sich Teamplayer vorstellen, die alle bemüht sind, uns zu helfen, in dieser Welt zurechtzukommen. Und ich versuche v.a. in den ersten drei Kapiteln eine Art Basiswissen über die Funktionen unseres Gehirns zu vermitteln. Das mag für manche etwas trocken und herausfordernd sein, ist aber sinnvoll, um die weiteren Überlegungen und Ziele zu verstehen. Ich halte mich dabei v.a. an das Buch von Klaus Grawe

"Neuropsychotherapie" und an einige Vorträge von Manfred Spitzer, sowie an verschiedene Publikationenen von anderen hervorragenden Neurowissenschaftlern, die ich versucht habe, in eine laiengerechte Sprache zu übersetzen.

Da die Entwicklung auf dem Gebiet der Neurowissenschaften so schnell und weitreichend ist wie in kaum einem anderen Bereich der Medizin, muss ich damit rechnen, dass einige der Aussagen schon wieder überholt sind, wenn der Leser das Buch in die Hände bekommt. Die grundlegenen Erkenntnisse haben sich aber meines Wissens in den letzten 20 Jahren nicht wesentlich verändert (Grawes Buch stammt aus dem Jahr 2004).

Ich habe auch die praktisch relevanten Modelle aufgenommen, die ich in der Ausbildung für die Tiefenpsychologisch fundierte Psycho-therapie gelernt habe, soweit sie für das Verständnis hilfreich sind. Auch hier war eine gewisse Simplifizierung und Unvollständigkeit unausweichlich für das Verständnis dessen, was ich vermitteln möchte.

Als drittes habe ich Schlagworte, Methoden und Übungen aus meiner NLP-Ausbildung immer dort einfließen lassen, wo es für ein anschauliches Verständnis hilfreich war. Das ist vielleicht auch der Teil, der die praktische Umsetzung einer Veränderungsarbeit am ehesten erleichtert.

Im **Anhang 01** findet sich eine kurze Einführung in diese leider etwas in Verruf geratenen Methode und **"Die Axiome des NLP"**, also eherne Grundsätze der NLPler.

Dieses Buch ist meine ganz persönliche Zusammenfassung und ein Extrakt aus vielen Büchern aus allen möglichen Richtungen und einer nicht geringen Erfahrung aus Gesprächen und Erlebnissen mit Patienten und Patientinnen, die oftmals im Arzt nicht nur den Fachmann für Leiden und Krankheit suchen, sondern gerade beim

Frauenarzt auch denjenigen, der ihnen Hilfen für ihre Alltags-Probleme, insbesondere in der Beziehung zum Partner, der Familie und dem Umfeld geben kann. Ich habe mich diesen Herausforderungen immer gerne gestellt und ehrlich versucht, mich in die Probleme meines Gegenübers einzudenken, wohlwissend, dass nur er/sie selber die Lösung finden kann. Letzteres habe ich allerdings erst nach meiner NLP-Ausbildung vor über 20 Jahren wirklich gelernt. Vorher lebte ich oft in dem Wahn, ich könne die Probleme meines Gegenübers stellvertretend lösen, und erlitt eigentlich immer Schiffbruch damit.

Es ist also auch ein persönliches Buch. Allerdings in der Hoffnung geschrieben, dass es allgemeine Wahrheiten und Sichtweisen vermittelt, die Anderen helfen können, ähnliche Fragen für sich zu beantworten.

Ach ja: Auch Ich *„verzichte auf den Versuch durchgehend gendergerechter Sprache zugunsten der Lesbarkeit und in der Hoffnung, dass wir uns allmählich einer tieferen Gleichberechtigung nähern und alle Geschlechter ebenso gelassen auf ein archaisches Erbe in der Sprache zurückblicken wie auf die Spuren der Reptilien im Aufbau unseres Gehirns"* (Zitat von Wolfgang Schmidbauer aus seinem sehr lesenswerten Buch „Du bist schuld").

Dazu habe ich mich entschlossen, obwohl ich gerade durch die Beschäftigung mit NLP weiß, welch große Bedeutung Sprache für unser Denken, Fühlen und Handeln hat. Ich sehe aber bei den Themen dieses Buches keinen Anlass für durchgehendes Gendern, da in allen Fällen klar ist, dass die Ausführungen für alle Geschlechter zutreffend sind und es dabei keine messbaren Unterschiede gibt, anders als in vielen anderen Bereichen in unserer Gesellschaft, wo das Gendern durchaus seine Berechtigung hat.
Ich hoffe auf Ihr Verständnis.

Kapitel 1

Lerne unterscheiden zwischen gegeben und veränderbar

Ich bin an allem (selber) schuld...

"Jaa, jaa, ich bin immer an allem selber schuld"
– eine wunderbare Ausrede, um nichts ändern zu müssen. Man kann sich in sein Selbstmitleid verkriechen und die Schuld auf die anderen projizieren, die einen alle ja nicht verstehen. Und wenn sie mich kritisieren, dann bekomme ich genau die Bestätigung, die ich für diesen Satz brauche.

Das Praktische dabei: Mit diesem Totschlagargument kann ich alles so lassen wie es ist und brauche mich nicht zu verändern, weil – es nützt ja eh nichts.

Es geht hier aber nicht um Schuld. Ein Begriff, der einen selten weiterbringt. Es geht um Verantwortung. Verantwortung für mein eigenes Leben. Und dieses Leben hat immer zwei Aspekte:

Bereich A) Schicksal: nicht beeinflussbar, das was mir geschieht, was ich hinnehmen muss. Das kann ich akzeptieren, was oft nicht leichtfällt, oder ich kann darüber lamentieren, was oft verständlich ist, aber auch nicht weiterhilft. Dazu gehören auch die Reaktionen und Einflüsse anderer Menschen, die ich oft auch nicht beeinflussen kann. Ich kann es akzeptieren oder mich darüber ärgern.

Wirklich ändern kann ich nur mein eigenes Denken und Handeln (=Verhalten; siehe später „Das Mobile")

Und dann ist da der Bereich B) Was ich beeinflussen kann, wofür ich arbeiten oder sogar kämpfen kann, was ich nicht hinnehmen muss. Und hier fängt meine Verantwortung an. Hier darf man auch mal sagen: "selber schuld". Aber nicht als Vorwurf, sondern als Hinweis auf die eigene Verantwortlichkeit. Es ist z.B. meine Entscheidung, ob ich dem Gegenüber meinen Frust entgegenschleudere oder erstmal die Zähne zusammenbeiße und ein freundliches Gesicht mache, auch wenn mir gerade nicht danach ist. Dann liegt es in der Tat in meiner Hand, ob der Andere das Weite sucht oder sogar meint, er muss sich verteidigen, weil er sich angegriffen fühlt. Es ist dann meine "Schuld", wenn ich mein eigentliches Ziel nicht erreiche, das vielleicht gerade darin besteht, mit anderen Menschen in Kontakt zu kommen. Dann ist es aber in der Tat erstmal meine Bringschuld, dem Anderen zu zeigen, dass es sich für ihn lohnt, sich mit mir zu beschäftigen. Erst wenn ich dann nicht die Reaktion bekomme, die ich erwartet oder erhofft habe, kann ich sagen: "so ein Arsch" – oder mir überlegen, ob es vielleicht doch an meinem Verhalten lag. Beides ist oft gleich wahrscheinlich und beides sollte man in Betracht ziehen.

Im ersten Fall darf ich den Typ abhaken, im zweiter Fall bringt mich der Satz "ich bin wieder an allem selber schuld" auch nicht weiter, sondern ist wieder nur der Eingang in das Schneckenhaus SELBSTMITLEID. Und wer sich in diesem Schneckenhaus mal so richtig eingerichtet und es sich gemütlich gemacht hat, kommt nur sehr schwer da wieder heraus.

Gleiches gilt auch für das, was ich häufig beim Umgang mit Diagnosen erlebt habe: „Mein Hausarzt hat gesagt..." (und so steht's auch in den Unterlagen) ich <u>habe</u> eine Depression, eine Neurose oder was auch immer. Damit hat er mir ein Etikett auf die Stirn geklebt, auf dem auch drauf steht, dass ich das nicht mehr wegkriege ... und somit muss ich mich wieder nicht verändern - es nützt ja doch nichts. Besser wäre gewesen, er hätte gesagt: <u>Sie sind</u> zur Zeit oder manchmal depressiv oder verhalten sich so oder so etc.

Oft habe ich bei genauerem Hinschauen erlebt, dass die Kriterien für eine Depression nur wenig erfüllt waren (was nicht heißt, dass sie es zum Zeitpunkt der Diagnosestellung vielleicht eher waren) sondern es sich eigentlich um eine Kränkung handelt, die den Klienten davon abhielt, sich um das eigentliche Problem zu kümmern. Das Festhalten

14

an der festzementierten Diagnose ist hier eher hinderlich als hilfreich. Es ist dann oft sehr mühsam, den Klienten davon zu überzeugen, dass er die Diagnose - die ja auch Halt gibt - loslassen soll, um seine Energie auf ein anderes Ziel zu fokussieren.

Denn gerade das heißt "Leben": es immer wieder versuchen, sich weiterentwickeln, wieder aufstehen, wie ein Kind, das Laufen lernt. Haben Sie schon mal einem Kind dabei zugesehen, wenn es Laufen lernen will? Es fällt 99 mal auf den Hintern, aber es sagt auch beim 100sten Mal nicht: "Ach, Laufen ist eh nichts für mich, ich bleib sitzen". Nein, es steht immer und immer wieder auf und versucht es auf's Neue. Und irgendwann bleibt es stehen, läuft los – und strahlt! Ich habe es geschafft, ich kann die Welt, die Schwerkraft beherrschen!

Werden Sie wieder zum Kind. Stehen Sie immer wieder auf und lernen Sie Laufen und mit Menschen zu leben, die es in aller Regel gut mit Ihnen meinen, egal, welche Erfahrungen Sie bisher gemacht haben. Die Statistik zeigt uns ganz klar: die meisten Menschen sind sozial eingestellt und wollen Kontakte knüpfen und pflegen und sind interessiert an anderen Menschen – sofern sie nicht als Erstes ein Brett aus Frust und Kränkung vor den Kopf bekommen.

So bin ich halt ...

Den soeben beschriebenen Mechanismus kann man auch auf diesen Satz anwenden: „So bin ich halt - und daran kann ich nichts ändern."

Doch. Natürlich gibt es grundlegende Eigenschaften, die wir bei allen Menschen beschreiben können, die weitgehend so feststehen, wie sie sich im Laufe des Lebens entwickelt haben. Allerdings sind sie nicht festzementiert, sondern lassen sich ein ganzes Leben lang immer wieder modifizieren und verändern, wenn die Motivation dazu hoch genug ist. Hierzu gehören mit **Temperament** und **Persönlichkeit**, zwei Eigenschaften, die sich schon sehr früh im Leben herausbilden und damit natürlich recht stabil sind, die man aber dennoch auch immer wieder in Frage stellen kann, um sie zumindest im Blick, vielleicht sogar im Griff zu haben, wenn es um den Umgang mit anderen Menschen geht.

Mit dem Begriff **Temperament** wird beschrieben, ob wir eher ruhig oder lebhaft sind, eher schnell oder langsam auf Reize von innen oder außen reagieren etc. Der griechische Arzt Hippokrates hat etwa 400 v.Chr. in seiner Temperamentenlehre vier Grundwesensarten des Menschen beschrieben, die sich auf die damals (und bis ins Mittelalter) vorherrschende Vier-Säfte-Lehre des Galenus bezogen hat und noch heute im Sprachgebrauch ist:
Der **Sanguiniker**, der sehr lebhaft, aber eher positiv und fröhlich auf Reize reagiert, der **Choleriker**, der aufbrausend und oft auch aggressiv auftritt, wenn ihm „die Galle überläuft", der **Phlegmatiker**, der gelassen bis „lahmarschig" (phlegma = der Schleim) auf Heraus-forderungen reagiert und der **Melancholiker**, dem ein eher trauriges, depressives Gemüt zugeschrieben wird.

Diese Eigenschaften entstehen nach neueren Studien wahrscheinlich schon im Mutterleib, durch den Einfluss sehr komplexer hormoneller Konstellationen. Eine entscheidende Rolle spielen dabei die Stresshormone (z.B. Adrenalin und Cortisol), das sogenannte Bindungshormon Oxitocin und das „Glückshormon" Dopamin, aber auch alle anderen Neurotransmitter, die ich hier im Einzelnen nicht aufführen möchte, da es für das Verständnis nicht relevant ist. Wichtig ist, dass es sich um sehr tiefgreifende Eigenschaften handelt, die daher kaum noch im Laufe des Lebens eine große Veränderung erfahren.

Anders als bei der **Persönlichkeit**, die zwar auch in großen Zügen früh entstanden ist, sich aber im Laufe des Lebens durchaus noch verändern kann, und daher durch unser Denken und Handeln in einem mehr oder weniger beschränkten Ausmaß beeinflussbar ist.

16

Es gibt viele Versuche, eine Einteilung der Persönlichkeitsmerkmale zu beschreiben. Am bekanntesten ist das System der **„Big Five" oder OCEAN-System:** Beschrieben werden hier 5 Grundeigenschaften und ihre gegensätzlichen Pole:

Offenheit / Openness: Hier reicht die Spannbreite von: traditionell und wenig neugierig („So haben wir das immer schon gemacht") bis: sehr offen und experimentierfreudig („Ich will immer neue Dinge ausprobieren und etwas Neues erleben.")

Gewissenhaftigkeit / Conscientiousness: Hier geht es von: wenig sorgfältig und gewissenhaft („Messie, Schlamper") bis: sehr sorgfältig genau und gewissenhaft, was manchmal auch zwanghafte Züge aufweisen kann („Wichtig ist vor allem, dass Regeln eingehalten werden.")

Geselligkeit / Extraversion: Hier geht die Spanne von: in sich gekehrt, introvertiert („Ich will meine Ruhe haben") bis: aus sich herausgehend, gesellig und expressiv („Ich bin gerne mit anderen Menschen zusammen und an ihnen interessiert").

Verträglichkeit / Agreeableness: Von: sozial wenig angepasst („Erst komme ich, dann die Anderen") bis: sehr beliebt und verträglich („Ich bin ein hilfsbereiter, höflicher Mensch") geht hier die Spanne.

Labilität / Neuroticism: Hier geht die Spanne von: emotional labil und ängstlich („Ich mache mir oft unnütze Sorgen") bis stabil und wenig ängstlich („Ich bin gelassen und zuversichtlich").

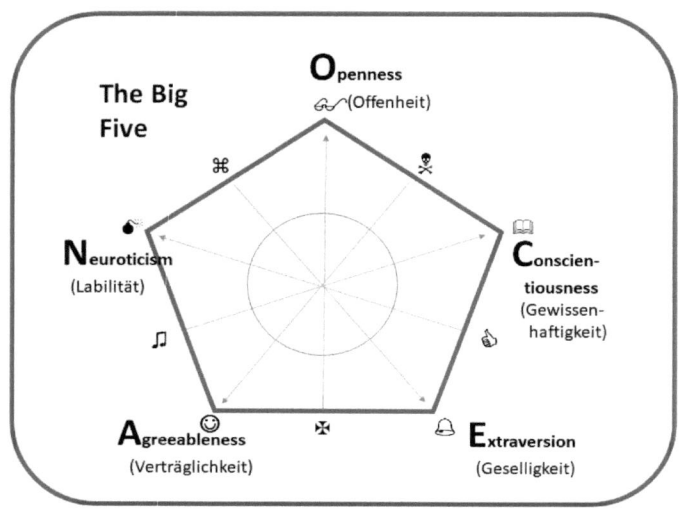

Temperament und Persönlichkeit sind, wie gesagt recht stabile Merkmale unseres SELBST. Allerdings ist das Muster, das sich ergibt, wenn man die einzelnen Ausprägungen in ein Schema bringt, jeden Tag etwas anders, da sich unser ICH ständig neu bildet und damit auch das SELBST sich nach und nach verändert.

Manchmal glaube ich, es stecken ein halbes Dutzend Individuen wie Zwiebelschalen in meiner Haut, jedes mit seinen Privatfaxen, Vorurteilen, Unarten und Begierden und einzeln Urlaub verlangend - sich auslebend, wie Matrosen an Land. Ich habe schon die Hoffnung aufgegeben, je mit der ganzen Menagerie bekannt zu werden. In verblendeten Stunden nenne ich das „reiches Innenleben"!

Der Fluss des Lebens - SELBST und ICH

Es gibt in der Psycho-Literatur viele Versuche, **SELBST** und **ICH** zu definieren. Ich habe mir daraus folgende Version zusammengebastelt

Das **SELBST** ist entstanden aus der Genetik (dem Baumaterial) und der äußeren Umwelt und der inneren Seelenwelt (den Baumeistern und Handwerkern), v.a. in der frühen Kindheit, z.B. durch hormonelle Einflüsse schon in der Gebärmutter. Es wird weiter geformt durch die vielen Lebensereignisse, groß und klein, wichtig und unwichtig, die unseren Lebenslauf formen.
Wie das Flussbett, dass durch die Einflüsse von Wasser, Wind und Erdverschiebungen entstanden ist. Mit allen Tiefen und Untiefen, mal breit, mal schmal usw.
Also eine Struktur, die sich zwar immer noch verändert, aber in seinen Grundzügen weitgehend festgelegt ist. Wie das Temperament, das schon im Mutterleib angelegt wird. Oder die Persönlichkeit, die sich zwar im Laufe des Lebens immer wieder verändert, in den Grundzügen aber steht.

Das **ICH** hingegen entsteht immer wieder neu. In jedem Augenblick wird es gebildet, v.a. aus Teilen des Unbewussten und dem Strom des Bewusstseins. Es entspricht dem fließenden Wasser, das einmal langsam und ruhig, dann wieder schnell und mehr oder weniger aufgeregt nach vorne strebt. Und ab und zu entstehen Strudel, die drohen, das Floß, auf dem Sie sich befinden, in die Tiefe zu ziehen.

Stellen Sie sich folgendes Bild vor, Sie bzw. Ihr ICH befindet sich auf dem Floß, zusammen mit allen Begleitern, die in Ihrem Leben immer wieder mitreisen. Mal steigen Mitreisende ein (Freunde, Partner, Familie etc.) und reisen mit, und dann steigen wieder welche aus, Freundschaften und Partnerschaften verblühen oder zerbrechen, Bekanntschaften geraten aus dem Blickfeld. Mal befinden Sie sich in ruhigem Fahrwasser, dann wieder müssen Sie gegen die Strudel und die Strömung ankämpfen.

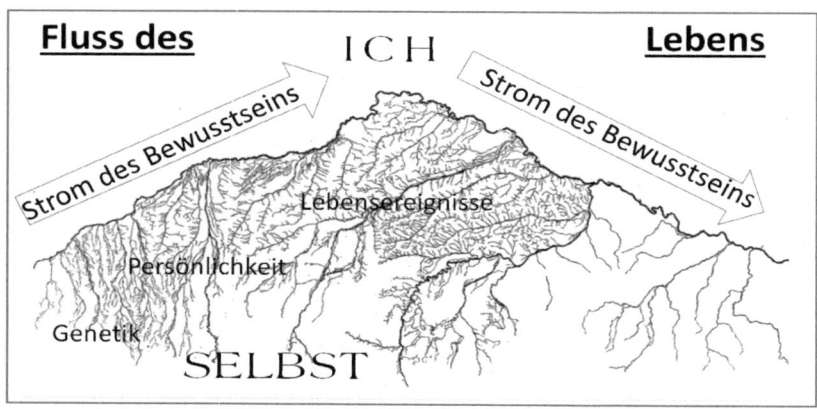

Diese Sichtweise hat mir in meinem Leben oft die Gelassenheit gegeben, u.a. das Verschwinden wichtiger Menschen aus meinem Leben zu ertragen und zu akzeptieren. Vielleicht kann auch Ihnen dieses Bild in diesem Sinne helfen.

Kleine Übung:
Stellen Sie sich ein Floß vor, das Ihnen in Größe, Form und Aus-stattung angemessen erscheint. Dann stellen Sie sich die Begleiter vor, die sich im diesem Moment oder zu einem anderen Zeitpunkt Ihres Lebens darauf befinden bzw. befunden haben.
Und dann stellen Sie sich vor, wie Sie als reiner Beobachter sicher und geborgen über der Landschaft schweben, durch die sich dieser Fluss schlängelt, von Horizont zu Horizont. Betrachten Sie gelassen und ohne zu werten, aus dieser Perspektive den Jetzt-Zeitpunkt oder irgendeinen anderen Zeitpunkt Ihres Lebens, an dem es für Sie etwas zu entdecken gibt, schwebend über Ihrem ganz eigenen Fluss Ihres Lebens.
(Eine entsprechende „Trance" gehört zu meinen Standard-Übungen)

Das "Magische Dreieck":
Denken-Fühlen-Handeln
Das Ziel: „Es soll mir besser gehen!"
Genauer: „Ich will mich besser fühlen!"

Letztendlich geht es immer darum, dass ich mich hinterher (nach der Veränderungsarbeit) besser **fühle**. Das ist das Ziel, das am Ende steht.

Das Problem dabei ist, dass ich das FÜHLEN nicht direkt verändern kann. Ich kann mich nicht hinsetzen und sagen: „So, jetzt will ich mich sauwohl fühlen". Fühlen ist eine Qualität, die praktisch ausschließlich durch unbewusste Vorgänge in unserem Gehirn entsteht. Solange uns diese Vorgänge nicht bewusst sind, werden sie als Emotionen bezeichnet. Da sie nicht bewusst sind, sind sie auch nicht willentlich beeinflussbar. Nur das Endprodukt, das **„Gefühl"** wird dann mehr oder weniger bewusst wahrgenommen und bewertet. Grund-emotionen sind z.B. Freude, Trauer, Ekel, Überraschung oder Wut. Diese sind dann auch in unserem Gesicht und unserer Körperhaltung für andere ablesbar.

Wie schon erwähnt ist der Grund dafür, dass wir FÜHLEN viel weniger bis gar nicht bewusst beeinflussen können als DENKEN oder HANDELN, dass die Verbindungen im Gehirn <u>vom</u> Limbischen System, dem „alten" emotionalen (Zwischen-)Hirn <u>zu</u> den Zentren im „neuen" Großhirn (daher Neo-Cortex) die für die Willensbildung und das bewusste Erleben zuständig sind, viel stärker ausgebildet sind, als umgekehrt.

D.h. unsere Gefühle beeinflussen sehr viel stärker unser Denken und Handeln, als umgekehrt.

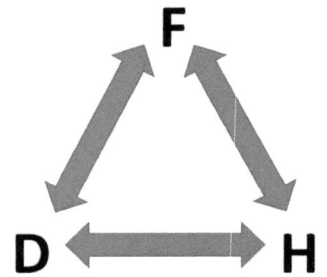

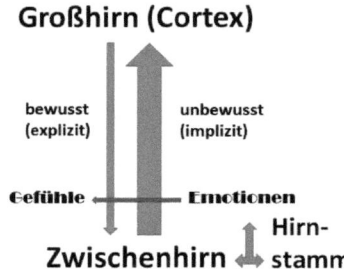

Aber: **Denken, Fühlen** und **Handeln** sind wechselseitig voneinander abhängig. Jedes wird von den anderen beiden beeinflusst und kann über die anderen beiden verändert werden.

Das heißt in der Konsequenz: **Willentlich und gezielt verändern kann ich eigentlich nur das Denken und das Handeln. - Und dann kann ich darauf hoffen, dass sich das eigentliche Ziel, das Fühlen damit positiv verändert.**

Der Weg ist also:
- Möglichst genau beschreiben wie ich mich fühle.
- Möglichst genau beschreiben wie ich mich gerne fühlen möchte.
- Mein Denken überprüfen und überlegen:
  wie lenke ich es in die richtige Richtung.
- Mein Handeln so verändern, dass es das Denken unterstützt.
- Wie fühle ich mich jetzt?

Nehmen wir z.B. das Gefühl ANGST:
Der verhaltenstherapeutische Trick besteht darin, sich freiwillig in einem geschützten Raum, z.B. mit Hilfe eines Therapeuten, sich entweder real (z.B. bei einer Spinnen-Phobie) oder virtuell, also durch reine Vorstellung, der angstauslösenden Situation immer wieder bewusst auszusetzen. Dabei wird die Erfahrung gemacht, dass nichts passiert und ich die Angst immer besser kontrollieren kann. Diese Erfahrung muss immer wieder gemacht werden, braucht viele

Wiederholungen und führt schließlich dazu, dass die Angst vor der Angst, also letztendlich vor dem Kontrollverlust, langsam abnimmt, und ich immer besser damit umgehen lerne

Das funktioniert desshalb auch durch reine Vorstellung, weil unser Gehirn reale Angst und vorgestellte Angst nicht wirklich unterscheidet und mit den gleichen körperlichen Veränderungen darauf reagiert.

Im **Anhang 05** finden Sie einen Exkurs, der schlaglichtartig einen Blick auf die vielfältigen **Aspekte des Limbischen Systems** wirft, dessen Hervorbringungen meistens unter dem Begriff GEFÜHLE zusammengefasst werden. Er zeigt auch, wie schwer es ist, diese Qualität der Hirnfunktionen in Worte zu fassen:

Beispiel für einen aktiven Umgang mit einem Gefühl:
Wir warten auf einen Freund, der zu spät kommt,
dabei baut sich Frust, Ärger, Wut, Aggression auf.
<u>*Lösung:*</u>
1) klar definiertes Zeitfenster setzen
*   = agieren statt reagieren bzw. ertragen,*
2) dabei negative Gefühle stoppen. Distanz zum Gefühl aufbauen,
*   z.B. durch körperliche Betätigung (Spazieren gehen) oder*
*   Atemübungen, dabei lächeln, um dem Gehirn ein positives Gefühl*
*   zu suggerieren.*
3) Wenn das Zeitfenster überschritten wird (der Freund kommt nicht),
*   konsequentes Handeln = gehen und (ganz wichtig)*
*   keine Rechtfertigung, kein schlechtes Gewissen!*

Kapitel 2

Lerne, deine Bedürfnisse wahrzunehmen

Wenn wir verstehen wollen, wie Veränderungsarbeit funktioniert, müssen wir zwei Begriffe unterscheiden, die eng miteinander verbunden sind, in unserem Gehirn aber sehr unterschiedlich repräsentiert und verarbeitet werden.:

Unterscheide: ZIEL und BEDÜRFNIS

Ziele sind immer ganz konkret auf die aktuelle Umgebung bezogen einschließlich des eigenen Körpers. Sie werden im PFC vorbewusst vorbereitet und gelangen für einen längeren oder kürzeren Zeitraum ins Bewusstsein, um mit mehr oder weniger Energie verfolgt zu werden. Meistens konkurrieren mehrere Ziele um Aufmerksamkeit und Erledigung, auch diese Auswahl wird über den PFC gesteuert.
Im nächsten Kapitel gehe ich genauer auf diesen Prozess ein, da es dann um die Dinge geht, die wir – in Grenzen – verändern können.

Im aktuellen Kapitel geht es dagegen um Gegebenheiten, die wir zwar wenig verändern können, die wir aber immer im Blick behalten müssen, wenn wir uns verändern wollen, da sie unser **Erleben** (Denken + Fühlen) und unser Handeln wesentlich beeinflussen.

Hierzu gehören unsere **Bedürfnisse**. Sie sind Teil unseres SELBST, latent immer vorhanden und haben festgelegte Verschaltungen im Gehirn: z.B. Hunger, Durst, Sexualität, aber auch das Bedürfnis, geliebt zu werden, Bindungen einzugehen, Kontrolle auszuüben etc.

Beispiel: Ein Mädchen wird immer wieder von den Eltern emotional oder körperlich misshandelt. Es weiß – bewusst oder unbewusst – dass es existentiell abhängig ist, von ihren Eltern. Es muss, um zu überleben, die Bindung so gut es geht aufrechterhalten, und es versucht, irgendwie die Situation zu kontrollieren. Dafür „opfert" sie sozusagen ihren Selbstwert. Es redet sich dazu ein, dass es halt schlecht ist und die Schläge wahrscheinlich verdient hat. Dieser „Glaubenssatz" wird tief verinnerlicht und wirkt auch später noch lange nach, wenn sie sich immer wieder Partner suchen wird, die sie schlagen und auf ihrem Selbstwert herumtrampeln werden. Fast ein Automatismus, den man leider allzu oft finden kann.

Die Grundbedürfnisse - auf die wir gleich kommen werden - bleiben dabei erhalten, egal welches Verhalten das Kind oder die Klientin an den Tag legt. Die Selbstabwertung ist hier also nicht das eigentliche Ziel, sondern ein Mittel für andere (Grund-)Bedürfnisse: Bindung, Kontrolle.

Das Ziel ist auch hier immer wieder, negative Emotionen zu vermeiden, v.a. wenn keine Kontroll-Möglichkeiten bestehen. Das Bedürfnis nach Erhaltung des Selbstwerts wird hier wie gesagt sozusagen „geopfert". Was zählt ist die „Gesamtbilanz" im Sinne der Konsistenz-Theorie, die davon ausgeht, dass die Grundbedürfnisse immer wieder ausbalanciert werden. Damit werden drohende, voraussehbare und wahrscheinliche Enttäuschungen vermieden.

Oder in der Sprache der Konsistenz-Regulierung: Annäherungs-Muster werden unterdrückt und Vermeidungs-Verhalten wird aktiviert. Damit vermeidet das Kind emotionale Schmerzen und übt selber Kontrolle über das aus, was mit ihm geschieht.

Sollten Sie jetzt an manchen Stellen „Bahnhof" verstanden haben – keine Sorge, es wird gleich klarer, wenn wir uns im Nachfolgenden die Begriffe anschauen, die mit dem Thema „Grundbedürfnisse" zusammenhängen, und wir uns die Möglichkeiten anschauen, damit unser Verhalten näher zu beschreiben.

Die 5 Grundbedürfnisse (nach Klaus Grawe)

*„Die Art Mensch, die sich in ihrer einzigartig bescheidenen Weise selbst „sapiens", also „weise" nennt, hat sich in einer geologisch winzigen Zeitspanne massenhaft über den gesamten Globus vermehrt und beweist damit eine hervorragende biologische Fitness. Sie hat das geschafft, indem sie sich selbst eine ihr entsprechende Umgebung geschaffen hat. Diese Leistung nennt man **Kultur**."*

(Ich will jetzt nicht auf die Probleme eingehen, die diese biologische Fitness für diesen Planeten bedeutet, und auch nicht auf den Aspekt, dass es sich wahrscheinlich nur um einen erdgeschichtlich kurzfristigen Erfolg handelt und uns die langfristigen Folgen erst so langsam ins Bewusstsein dämmern.)

Dieser Abschnitt beschäftigt sich mit der Frage:
Was bewegt den Menschen?
Was sind die Inhalte und Aspekte menschlichen Lebens?
Die Antwort liegt in den Zielen, Plänen, Werten, Befürchtungen und Abneigungen eines individuellen Menschen, Und damit kommen wir zur Welt der Bedeutungen und der allgemeinen Frage:
Was braucht eine Art um zu überleben und sich zu reproduzieren?
Was sind die spezifischen Grundbedürfnisse des Homo sapiens, damit er sich wohl fühlen und sich gut entwickeln kann.

„Grundbedürfnisse deshalb, weil wir hier über die Bedürfnisse sprechen, die alle Menschen betreffen, die tief in unserer Biologie und unseren neuronalen Schaltkreisen von Anfang an verankert sind, und bei deren Verletzung oder dauerhafter Nichtbefriedigung es unweigerlich zu einer Schädigung bzw. Beeinträchtigung unserer psychischen Gesundheit und unseres Wohlbefindens kommt." (Grawe)

Um es an einem Beispiel zu erläutern: Es gibt Autoren, die z.B. das Bedürfnis nach Macht oder Leistung zu den Grundbedürfnissen zählen. Wenn wir aber die vorstehende Definition zu Grunde legen, dann müssen wir hier das „Grund" streichen, weil es zwar viele Menschen gibt, für die Macht und Leistung wesentliche Ziele ihres Strebens und Lebens darstellen, und damit ein Bedürfnis, aber halt nicht für alle. Es gibt durchaus sehr viele Menschen, für die Macht und Leistung keine Rolle spielen und schon gar kein erstrebens-wertes Ziel ist.

Für das Ziel, einen Mangelzustand zu beheben, gibt es viele Mechanismen, die in unseren neuronalen Regelkreisen verankert sind. z.B. für Hunger, Durst, Sexualität, Abwehr von zuviel Kälte oder Wärme usw. Die Frage ist, ob solche Regelkreise auch für unsere psychischen Bedürfnisse evolutionär in unserem Gehirn verankert sind.

Die Frage ist wichtig, weil es viele Hinweise gibt, dass eine dauerhafte Verletzung solcher Grundbedürfnisse zu psychischen Störungen und zur Aufrechterhaltung dieser Störungen führt.
Nach mehreren Autoren gibt es vier solcher Grundbedürfnisse, für die es ausreichend Hinweise auf solche Regelkreise gibt:

1-Orientierung und Kontrolle
2-Bindung
3-Selbstwerterhöhung
4-Lust / Unlust-Vermeidung

Grundsätzlich gilt: Jedes Bedürfnis hat im Gehirn eigene Schaltkreise, die miteinander verbunden sind und sich gegenseitig aktivieren (können).

Grawe hat als fünftes das Bedürfnis nach **Konsistenz** eingeführt, was dem Begriff der Kohärenz (=Zusammenhang, Abstimmung) bei anderen Autoren entspricht:

Ich beginne bewusst mit diesem 5. Grundbedürfnis, das Grawe als eine Art Klammer für die vier anderen Grundbedürfnisse eingeführt hat, und das diese vier existentiell wichtigen und bei uns allen vorhanden Bedürfnisse in ein harmonisches Verhältnis bringen soll, was oft leider nur bedingt mehr oder weniger gelingt.

Definition: **Konsistenz**
ist die Übereinstimmung bzw. Vereinbarkeit von gleichzeitig ablaufenden neuronalen oder psychischen Prozessen.

Der Begriff bezieht sich also auf die gegenseitige Abhängigkeit von Prozessen innerhalb der psychischen Struktur, die ja weitgehend durch Genetik und früher Erfahrungen vorgegeben ist.
D.h., es geht um einen ständigen Abgleich von Regelkreisen, die unterschiedliche Ziele anvisieren oder abwehren und ob diese Ziel-Konflikte miteinander vereinbar sind.
Während es bei den vier anderen Grundbedürfnissen um die Auseinandersetzung mit der Außenwelt geht, geht es bei der **Konsistenzregulation** um Regelmechanismen innerhalb der eigenen individuellen Psyche.
Man kann diese Regelfunktion als Grundprinzip des psychischen Funktionierens sehen. Und wenn es nicht funktioniert, hat das weitreichende Folgen für unser Wohlergehen. Die Psychologen kennen einen ganzen Katalog von Abwehrmechanismen (s.u.), die man als den Versuch werten kann, eine solche Konsistenz = Harmonie im Kopf herzustellen.

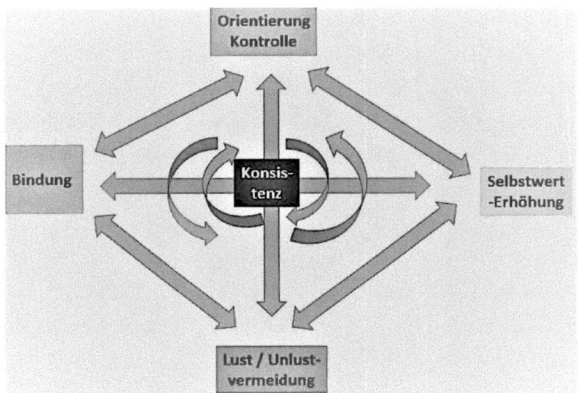

Beispiele für Abwehrmechanismen

Abwehrmechanismen sind Verhaltensweisen, mit denen wir versuchen, Dissonanzen in unserm Gehirn zu vermeiden. Diese Dissonanzen ergeben sich dadurch, dass Gedanken-Inhalte die gleichzeitig in unser Bewusstsein dringen, sich „beißen", also nicht miteinander vereinbar sind, und dadurch ein starkes Unwohl-Gefühl inclusive alle Arten von Ängsten auslösen. Sie zu kennen ist wichtig, wenn man Denkfallen und Veränderungs-Hemmnisse vermeiden will.

1. Verschiebung

Ein Arbeiter fühlt sich von seinem Vorarbeiter ständig ungerecht behandelt. Statt sich zu wehren, schikaniert er den Lehrling.

2. Sublimierung

Insbesondere künstlerische und intellektuelle Tätigkeiten sind nach Sigmund Freud als Ergebnisse von Sublimierungen anzusehen. Die bekannteste Zuschreibung: Ein Kind spielt beispielsweise gerne mit seinem Kot, wird aber von den Eltern daran gehindert. Als Reaktion auf dieses Verbot kann später eine zwanghafte Sauberkeit eintreten oder aber, im Sinne der Sublimierung, eine Vorliebe für das Malen sowie andere künstlerische Tätigkeiten entstehen.

3. Reaktionsbildung oder Verkehrung ins Gegenteil
Ein Kirchengemeinderat hat eine latente Homophobie (Vorurteile gegen homo-sexuelle Menschen). Da dies heutzutage nicht mehr in das Selbstbild eines intellektuellen Bürgers passt, setzt er sich vordergründig sehr für die Gleichbehandlung homosexueller Paare durch die katholische Kirche ein, fühlt sich aber latent unwohl dabei.

4. Projektion
Ein Mann hat unbewusste pädophile Neigungen, die er dadurch abwehrt, dass er öffentlich vehement für die Todesstrafe bei Kinderpornographie eintritt.

5. Regression
Eine Frau, deren Auto mehrfach nicht anspringt, bricht in Tränen aus und schlägt auf ihr Auto ein.

6. Rationalisierung
Hierbei wird versucht, Verhaltensweisen, Gedanken und Gefühle logisch und mit Argumenten zu rechtfertigen, deren eigentliche Motive im Unbewussten liegen: Ich möchte eigentlich mit meinem Auto auch meinen sozialen Status darstellen. Aber statt zu sagen, dass dafür das Geld nicht reicht, führe ich Umweltschutzargumente ins Feld.

7. Verleugnung
Hier werden bestimmte Aspekte der Realität, die für andere offensichtlich sind, nicht anerkannt. Beispielsweise wird eine grottenschlechte Sängerin hofiert, weil ihr Mann großen Einfluss in der lokalen Wirtschaft hat und sie unterstützt. Sie selber sieht sich aber als große Sängerin mit einer besonderen Begabung.

8. Verdrängung
Verdrängte Triebimpulse behalten ihre Energie und kommen in Träumen, Fehlleistungen oder Krankheitssymptomen wieder zum Vorschein. Ein Mann, der immer wieder den Impuls verspürt seine

Frau zu betrügen, entwickelt z.B. psychosomatische Symptome dergestalt, dass er Nackenverspannungen bekommt. Diese machen es ihm unmöglich sich nach rechts zu drehen, da seine Frau rechts neben ihm schläft.

An dieser Stelle zu einem Begriff, der mit dem Begriff Konsistenz oft verwechselt wird:

Definition: **Kongruenz** Hier geht es um die **Übereinstimmung von aktuellen Motiven bzw. Zielen mit der realen Wahrnehmung, also der Wirklichkeit.**

Ein Beispiel: Ich halte mich für einen begnadeten Singer-Songwriter und warte jeden Tag darauf, dass ich entdeckt werde. Aber auch nach vielen Jahren tingle ich immer noch durch Kneipen und Möbelhäuser.

Ein ständiger Soll-Ist-Vergleich führt im Normalfall zu einer Korrektur von Annäherungs- und Abwehr-Muster. Die Psychologen sprechen auch von Schema (Mehrzahl: Schemata, siehe auch „Schema-Therapie"). Ich spreche lieber von **MUSTER**, gemeint ist dasselbe.
D.h. mein künftiges Verhalten ändert sich, je nachdem was für eine Reaktion ich auf meine Aktion bekomme und welche Grundbedürfnisse dabei eine Rolle spielen.

Merke: **Die objektive Wahrnehmung der Umgebung mit den Sinnen erzeugt Harmonie- oder Disharmonie-Signale im Gehirn.**
V.a. der PFC („unser Entscheider") und der ACC („unser Konfliktmanager") sind hier maßgeblich beteiligt. Dabei entstehen über das Limbische System positive oder negative Emotionen.
Die Emotionen entscheiden dann letztlich über das Verhalten:
Es erfolgt Annäherung oder Abwehr/Vermeidung über entsprechende Muster bzw. Schemata. Mitentscheidend ist dabei, welche Muster im Vorfeld besser gebahnt sind.

Motivationale Muster sind Verhaltensweisen, um Grundbedürfnisse zu befriedigen und sie vor Verletzung zu schützen. Man unterscheidet annähernde und vermeidende Muster, die unsere Motive bestimmen. Im NLP spricht man von
„towards to" (drauf zulaufen) – siehe Annäherungsmuster oder **„away from"** (weg davon). – siehe Vermeidungsmuster

Wie bringt man einen Esel dazu, in eine bestimmte Richtung zu laufen? *1) Sie hauen ihm mit dem Knüppel auf den Hintern.*
2) Sie binden ihm ein Bündel Heu vor die Nase.

Die Richtung der Bewegung/des Verhaltens ist also dieselbe. Aber im ersten Fall versucht der Esel einer Sache, Maßnahme o.ä. auszuweichen, es zu vermeiden (away from), im zweiten Fall möchte der Esel etwas haben, sich ihm annähern (towards to).
In der Hundeerziehung und auch bei der Motivation von Menschen wurde mittlerweile wissenschaftlich nachgewiesen, dass die zweite Methode v.a. langfristig die effektivere ist. V.a. unregelmäßige, nicht-vorhergesehene Belohnungen sind sehr effektiv für die Motivation.

Grundsätzlich gibt es immer die Möglichkeit, entweder über Zwang und Druck ein erwünschtes Verhalten zu induzieren, oder aber die Motivation so zu verändern, dass der Angesprochene sein Verhalten freiwillig ändert. Die Motivation über Druck funktioniert vielleicht noch bei Kindern, schon wesentlich schlechter bei Jugendlichen und nur selten bei Erwachsenen. Meist ist die Verhaltensänderung dann auch nicht von Dauer. Besser wäre es wenn der Betroffene sein Verhalten freiwillig ändern würde.
Ob das geht, hängt nicht nur vom „guten Willen" ab, sondern auch sehr stark davon, ob jemand eher in einer Umgebung aufgewachsen ist, die positiv oder negativ auf seine Bedürfnisse eingestellt war. Ob die Bedürfnisse eher befriedigt wurden oder ob sie immer wieder verletzt wurden, ob er sie also schützen musste und somit die Vermeidungsmuster besser gebahnt sind.

Wichtig: **ausgeprägte Vermeidungsmuster** führen häufig dazu, dass auch dann, wenn eine Bedürfnisbefriedigung grundsätzlich möglich wäre, da die Situation eigentlich günstig erscheint, diese nicht erfolgt bzw. verhindert wird, weil die Vermeidungsmuster besser gebahnt sind als die Annäherungsmuster. Die Angst vorm Scheitern, vor Verletzungen oder Enttäuschungen ist so groß, dass man lieber kein Risiko eingehen will.

Dies sind Konstellationen, in denen wieder mal mehr Energie in die Suche nach den Schuldigen (Personen oder Umstände) gesteckt wird als in die Lösung des wirklichen Problems bzw. in die Befriedigung des eigentlichen Bedürfnisses. *(Bert Hellinger: „Leiden ist leichter als Lösen")*

Beispiel: Frau C. hat als Kind und Jugendliche aufgrund ihrer Körperfülle viele Kränkungen erfahren. Sie hat sich eine große und aggressive Klappe angewöhnt, auch in Situationen, in denen sie sich eigentlich Zuneigung und Geborgenheit wünschen würde. Hier wird ein Mann, auch wenn er es noch so gut und ehrlich meint, es schwer haben, einen liebevollen Kontakt aufzubauen.

Zusammenfassend kann man sagen:
Es gibt **zwei wichtige Beweger des psychischen Geschehens:**
Das Streben nach a) Konsistenz und b) Kongruenz.

Bei dem Streben nach **Konsistenz** geht es um die Harmonie von Zielen und Verhalten, individuell und von der Situation abhängig. Mein Denken und Verhalten soll zum Erreichen bestimmter Ziele führen. (Wichtig: immer wieder nachfragen: Was ist das Ziel?)

Bei dem Streben nach **Kongruenz** geht es um Befriedigung von evolutionär angelegten Grundbedürfnissen, universal und Situationsunabhängig. Die Grundbedürfnisse sind immer und bei uns allen vorhanden. Nur die Gewichtung ist von Fall zu Fall und von Tag zu Tag unterschiedlich, und damit auch die konkrete Ziel-Verfolgung durch unser Verhalten, welches wiederum durch unser Denken und Fühlen beeinflusst wird.

Gut und Schlecht, Annäherung und Vermeidung

Beispiel:
nach dem Kinobesuch ... *Reiz = es knallt plötzlich neben mir*
Situation a) ich komme gerade aus einem Horrorfilm:
dann zucke ich zusammen und sehe mich ängstlich um (Vermeidungsverhalten, VV) oder b) ich komme gerade aus einem Natur- oder Heimatfilm: dann bin ich eher neugierig und versuche die Ursache zu ergründen (Annäherungsverhalten, AV)

Ziel einer Psychotherapie sollte die Stärkung der positiven Seiten bzw. des Annäherungs-Systems sein, trotz aller notwendigen Auseinandersetzung mit dem „Problem", also den negativen Aspekten.
Die beiden o.g. Systeme tendieren zur wechselseitigen Hemmung, können aber auch getrennt, d.h. unabhängig voneinander aktiviert werden.

Wichtig:
Sie beruhen auf jeweils eigenen Substraten und Mechanismen.

Nerdbox: Die Muster von Annäherungs-Verhalten (AV) und Vermeidungs-Verhalten (VV) werden laut vieler Autoren über zwei verschiedene, weitgehend unabhängige Systeme generiert:
dem **BAS=Behavioral Activating System**
und dem **BIS=Behavioral Inhibition System**.
Beide Systeme prägen das aktuelle Verhalten, je nachdem, welche Erfahrungen unmittelbar davor oder auch früher dem Ereignis vorausgegangen sind.

Aus Zwillingsstudien ist bekannt:
Tendenzen zu positiven oder negativen Emotionen sind zum wesentlichen Teil angeboren. Es scheint also ein recht stabiles Persönlichkeitsmerkmal zu sein. Überwiegt das BAS neigt der Mensch zur Extraversion, überwiegt das BIS eher zum Neurotizismus. (siehe BIG FIVE)

Es besteht eine deutliche Lateralität im Präfrontalen Cortex (PFC), der wichtigsten Struktur für Bewertungen:
Im linken dorsolateralen PFC werden die Annäherungsziele verfolgt.
Im linken ventromedialen PFC werden v.a. positive Emotionen generiert.
Zusammen bilden beide Zentren das BAS
Im rechten dorsolateralen PFC werden die Vermeidungsziele verfolgt.
Im rechten ventromedialen PFC werden v.a. negative Emotionen generiert.
Zusammen bilden beide Zentren das BIS
Zusätzlich beteiligt sind noch andere Hirnregionen wie Amygdala, circulärer Cortex, Hypothalamus und das sympathisches Nervensystem

Die Tendenz zu positiven Emotionen wird dabei eher auch von Umwelteinflüssen bestimmt.
Die Erfolgswahrscheinlichkeit für Übungen und Interventionen ist also vermutlich höher, wenn wir die positiven Aspekte stärken, als zu versuchen, die negativen Sichtweisen zu verändern. Letzteres gelingt dann eher implizit, d.h. unbewusst im Nachgang.

Von **Motivationalen Konflikten** spricht man, **wenn annähernde und vermeidende Tendenzen gleichzeitig aktiviert werden**. Grawe spricht hier wieder von Inkongruenz.

Gleiches gilt, wenn mehrere Annäherungsziele (AZ) oder mehrere Vermeidungsziele (VZ) gleichzeitig aktiviert werden, die nicht miteinander vereinbar sind. Man spricht dann von AZ/AZ-Konflikt oder VZ/VZ-Konflikt.

Annäherungsziele sind Ziele, auf die ich mehr oder weniger geradlinig zustrebe. Sie sind wesentlich leichter zu kontrollieren, da ich mich auf ein Ziel zubewege, dass ich im Auge behalten kann.

Vermeidungsziele sind dadurch gekennzeichnet, dass ich eine Situation oder einen Zustand vermeiden möchte. Sie sind in der Regel wesentlich schwerer zu erreichen, da sich das Ziel sozusagen immer wieder von mir weg bewegt und viel schwieriger zu kontrollieren ist. V.a. muss ich ständig auf der Hut sein, dass ich es nicht aus den Augen verliere und mich meistens in mehrere Richtungen verteidigen. Ich muss also viel mehr Aufmerksamkeit aufwenden und ein ständiges Monitoring über den momentanen Stand betreiben.

Vorraussetzung für beides ist ein „**Komperator**", d.h. ein ständiger Vergleichsvorgang zwischen Ziel und Wahrnehmung. Es werden dabei viele Regionen im Limbischen und Assoziativen Cortex aktiviert, die folgende Fragen stellen:

- Wie ist die gegenwärtige Situation? (Infos über die Sinne)
- Was sind die nächsten Schritte? (aktivierte Ziele im PFC)
- Wie sind die Zusammenhänge? (Wissen, Assoziationscortex)
- Welches Verhalten erzeugt welche Wirkung?
  (autobiographisches Gedächtnis, Erfahrung)

Es ist also immer sowohl das unbewusste als auch das bewusste Gedächtnis involviert, und der Komperator gibt die Richtung an, in der es weitergeht. (Grawe: *„Das Gehirn produziert unentwegt erwartete Szenarien, wie es von der jetzigen Sekunde aus weiter geht".*)

Wenn alles „gut" ist heißt das, **Soll** (Erwartungen) und **Ist** (Informationen über die Sinne) sind im Gleichgewicht bzw. kongruent.

Neurophysiologisch bedeutsam ist dabei, dass in diesem Zustand keine Dopaminausschüttung stattfindet. Damit findet kein Neu-Lernen statt (wir werden noch sehen, dass der Botenstoff Dopamin u.a. die Aufgabe hat, neue Verknüpfungen im Gehirn zu ermöglichen). Damit besteht die Gefahr, dass die alten Muster beibehalten werden, was nur solange in Ordnung ist, solange sie zur Lösung der aktuellen Probleme und Fragestellungen geeignet und ausreichend sind. Wenn die alten Muster jedoch nicht zur Lösung der aktuellen Probleme beitragen, spricht man von „dysfunktionalen Mustern". Dann entstehen Unwohl-Gefühle (z.B. Ängste), die den Anstoss zur Veränderung geben (sollen).

Triviales Beispiel: Ein Mann besteht darauf, dass seine Frau zuhause bleibt, die Kinder versorgt und abends das Essen auf dem Tisch steht Ein ganz „normales" Muster für viele Ehen, v.a. in den 50ern und 60er Jahren, aber durchaus auch heute noch. Als die Kinder aus dem Haus sind, zieht seine Frau mit 56 (in den Wechseljahren!) nach 35 Jahren Ehe Bilanz und teilt ihrem Mann mit, dass sie sich trennen wird. 35 Jahre waren beim Mann Ist und Soll „kongruent", seine Frau hatte getan, was er erwartet hatte, und es war kein Grund und keine Motivation vorhanden, sein Verhalten zu ändern, d.h. etwas Neues zu lernen, sich zu verändern. Plötzlich verändert die Frau ihr Verhalten. Die Mitteilung der Frau löst „Inkongruenz-Signale" bei ihm aus, da Soll und Ist nicht mehr übereinstimmen. Dies löst in ihm nicht nur enorme Änderungen in der Gefühlswelt, sondern auch in jedem Fall Änderungen im Denken und im Verhalten aus. In welche Richtung ist noch offen...

Diese ganzen Prozesse gehen also immer mit starken Emotionen einher. Wir erinnern uns an das „Magische Dreieck":
Das eigentliche Ziel ist immer „ich will mich gut fühlen!"
Dabei geht es nicht nur um ein erlebtes Gefühl (das meiste bleibt dabei unbewusst) sondern um eine ganze Kaskade von physio-

logischen, hormonellen und neuronalen Reaktionen, die wir als „Stress" mehr oder weniger bewusst wahrnehmen.
Inkongruenz ist also immer auch ein komplexer Stress-Zustand

Intrinsische Motivation – „Flow"

Eine besonders harmonische Form von Konsistenz, also der völligen Übereinstimmung von Ist und Soll, erlebt man im Zustand des „Flow". Was man gern macht, macht man meistens auch gut. Zumindest im Rahmen der Möglichkeiten, d.h. der eigenen Fähigkeiten und der äußeren Umstände.

„When the information that keeps coming into awareness is congruent with goals, psychic energy flows effortlessly" (Csikszentmihalyi 1990).

Oder in der Sprache des NLP:
Die Energie folgt der Aufmerksamkeit
– energy flows, where attraction goes

Anders sieht es aus, wenn Soll und Ist immer weiter auseinanderdriften, und unser Komperator „Stress" signalisiert.

Stress durch Inkongruenz
Wer heutzutage nicht über „Stress" klagt, gilt quasi als Leistungsverweigerer. Dabei ist dieser Begriff sehr unscharf. Er unterscheidet nicht zwischen:
a) der auslösenden Situation
b) dem Stressor (wer oder was macht Stress) und
c) der individuellen Reaktion darauf, also die Stress-Antwort.
Dabei hängen b) und c) immer zusammen.

Beispiel:
Laute Musik = für den einen störender Lärm, für den anderen anregender Genuss, je nach Situation, Persönlichkeit und Vorlieben.

Wichtig:

Der im Gehirn entstehende Stress wirkt auf das Gehirn zurück und verändert dessen Strukturen!

Daraus folgt für die Therapie:

wenn wir mehr Kontrolle über die stressauslösenden Gedanken erlangen, vermindern wir die Inkongruenz (man kann auch sagen die Differenz zwischen SOLL und IST) und damit den psychologischen Stress.

Wir durchbrechen den Teufelskreis von:
► Wahrnehmung (über die Sinne)
► Bewertung unbewusst (v.a. über den PFC)
► Bewertung bewusst = ausgesprochene Gedanken
► verändertes Stress-Empfinden und damit wiederum
► veränderte Wahrnehmung der stressauslösenden Umgebung

Es lohnt sich also, genau nachzufragen:
Was **genau** macht „Stress"?
W-Fragen: Was – Wer – Wie – Wann – Womit?
Und vor allem: Was haben Sie bisher gemacht?

Das Denken ist das Selbstgespräch der Seele (Platon)

Kommen wir also endlich zu den vier Grundbedürfnissen, die uns in erster Linie mit der Außenwelt verbinden und von ihr abhängig sind. Sie sind immer alle vorhanden, aber wir gewichten diese vier Grund-Bedürfnisse ständig unterschiedlich je nach Situation und Zustand unserer „Innenwelt". Sie bestimmen ständig unser Denken, Fühlen und damit Handeln. Deshalb ist es wichtig, dass wir uns etwas näher mit ihnen beschäftigen.

Das Grundbedürfnis nach Orientierung und Kontrolle

Das Bedürfnis nach Kontrolle ist das grundlegendste Bedürfnis von allen vier Grundbedürfnissen. Es beeinflusst alle anderen und wird seinerseits von allen anderen beeinflusst.

Der Mensch entwickelt ein Konzept von der Realität aufgrund seiner Lebenserfahrung. Durch die Interaktion mit der Umgebung macht er positive und negative Kontrollerfahrungen. Dadurch entwickelt er Wahrnehmungs- und Verhaltensmuster aufgrund von Grundüber-zeugungen, die im NLP häufig **„Glaubenssätze"** genannt werden.

Der Mensch macht im Laufe des Lebens immer mehr Erfahrungen über Vorausschaubarkeit und Kontrollmöglichkeiten von Ereignissen mit denen er sich auseinandersetzen muss. Er lernt dabei, wie er damit umgehen muss:
Lohnt es sich, sich zu engagieren?
Hat das Leben einen Sinn, so wie es ist?

Das Kontrollgrundbedürfnis ist angeboren, aber erst durch konkrete Inhalte und Ziele wird es zum individuellen Kontrollbedürfnis.

Das Ziel dabei ist (wie eigentlich immer im NLP) Hypothesen über möglichst viele Handlungsalternativen zu generieren und die Machbarkeit vorherzusagen und auszutesten.

Grawe: Das Leben eines Menschen ist die Summe seiner Kontrollerfahrungen.

Ein Beispiel:
wenn wir **SPAREN,** *also Geld zurücklegen und uns kurzfristige Ziele verkneifen, dann gibt es viele Motive und langfristige Ziele, die wir damit anstreben können:*
Sicherheit
– wir legen Goldreserven ins Schließfach für schlechte Zeiten.
Genuss
– wir geben später Geld für Reisen, Essen oder unsere Hobbys aus.
Selbstwerterhöhung
– wir kaufen ein tolles Auto um Freunde zu beeindrucken, wir bauen ein größeres Haus als wir brauchen.
Bindung
– wir legen uns eine kostspielige Freundin zu, wir beeindrucken den momentanen oder künftigen Partner mit teuren Geschenken. (kein risikofreies Verhalten, das auch nach hinten losgehen und nur kurzfristig Befriedigung bedeuten kann.)

Eine wichtige Voraussetzung, dass uns die Kontrolle gelingen kann ist, dass wir den Überblick über die Situation haben bzw. behalten.
Daraus resultiert das **Grundbedürfnis nach ORIENTIERUNG.**
Das ist der Sinn von klärungsorientierten Therapien und der sogenannten „Psychoedukation" (der eigentliche Zweck dieses Buches).
Sie erhöhen damit die Chance auf Kontrolle und damit Reduktion von Inkongruenz und damit Stress-Reduktion.

Am Anfang, als (Klein-)Kind sind Kontrolle und Bindung sehr stark miteinander verquickt bzw. abhängig. Die Bindungsbeziehung entscheidet über Kontrolle oder Ohnmacht, über Lust oder Unlust. Dabei lernt das Kind v.a. durch Ausprobieren und am Modell, d.h. dem Verhalten der Eltern bzw. Bezugspersonen und deren Rückmeldung auf sein Verhalten. Es testet dabei aus, wieweit es gehen kann. Das ist ein völlig normales Verhalten und bedarf keiner gut- oder schlecht-Bewertung. Die Kunst der Erziehung liegt hier in der Balance zwischen Ermöglichung von Erfahrungen und Setzen von Grenzen, was sicher nicht immer einfach ist und viel Energie benötigt.

Auch beim Thema SCHMERZ spielt Kontrolle eine entscheidende Rolle:
durch die Vorstellung Kontrolle ausüben zu können, den Schmerz wenigstens zu einem gewissen Teil kontrollieren zu können, wird das Gefühl von Angst und Ohnmacht schwächer und dämpft das Schmerz-Empfinden.
Wir wissen heute, dass **Schmerz** im Gehirn durch die **Bewertung** von entsprechenden eingehenden Impulsen entsteht. Dabei spielt das Limbische System, also unser „Gefühlsgenerator" die entscheidende Rolle.
Die eigentliche Ursache für den Schmerz hat sich nicht verändert, sie liegt ja außerhalb des Gehirns, aber durch das Gefühl von Kontrolle verändert sich die Bewertung und damit das Schmerz-Empfinden. Diesen Prozess kann man z.B. durch Autogenes Training (Atmung!) oder Visualisierungs-Übungen unterstützen.

Auch vor Operationen oder bei Krankheiten wie Tinnitus spielt die Vorstellung von Kontrolle eine wichtige Rolle für das jeweilige Outcome bzw. den Therapieerfolg.
Daher ist die Aufklärung über den exakten Ablauf der Operation bzw. Therapie und die Vorausschau auf die Zeit danach so wichtig. - Ich kann nur jedem Patienten raten, diese Aufklärung einzufordern und sich vorher so umfassend wie möglich zu informieren. Dabei sollte man allerdings ehrlich zu sich sein und objektiv einschätzen, inwieweit man die Fakten, die man sich „ergoogelt" hat auch beurteilen kann.

Wichtig ist dabei auf beiden Seiten das Vertrauen und nicht das Recht-haben-wollen.

Selten findet ein solches Gespräch fachlich auf Augenhöhe statt, aber menschlich sollte dies immer möglich sein.

„Stress" ist nicht gleich Stress. Der entscheidende Faktor ist die Kontrolle, die ich über den Stress erlangen kann. Die mögliche Kontrolle entscheidet darüber, ob ein Stress zur Weiterentwicklung oder in die Sackgasse führt:
(es wird jetzt etwas anspruchsvoller, aber es lohnt sich ...)

Neurophysiologische Folgen von <u>kontrollierbarem Stress</u>

Am Anfang steht ein unkontrollierter Stress oder eine Bedrohung mit entsprechender Adrenalinausschüttung. Diese „Adrenalin-Dusche" führt zu einer unspezifischen Erregung v.a. im Assoziationscortex und im Limbischen System. Über absteigende Bahnen wird das noradrenerge System (Ausschüttung von Adrenalin und Noradrenalin aus der Nebenniere) im gesamten Gehirn aktiviert, v.a. im Hypothalamus, dem Kleinhirn und dem Hirnstamm.

<u>Dann sind im Prinzip zwei Wege möglich:</u>
Erstens: Der Hypothalamus aktiviert die Nebennierenrinde über den Corticotropin Releasing Factor (CRF), es kommt zur einer anhaltenden Cortisolausschüttung und zu unkontrollierbarem Dauerstress. Die ungünstigen Folgen daraus werden weiter unten erklärt.

Zweitens: Es bestehen schon stresserprobte Erfahrungen, die zu einer Verhaltensänderung mit positivem Ergebnis, also einer Inkongruenz-Erniedrigung führen (Soll und Ist kommen wieder ins Gleichgewicht). Das Adrenalin führt hier zu einer positiven Wirkung auf Neurone (Nervenzellen), Gliazellen (Stützzellen) und dem Wachstum der Blutgefäße. Die Durchblutung steigt, es wird mehr

Glucose und mehr neurotrophe (die Nerven-stimmulierenden und Nerven-ernährenden) Faktoren ausgeschüttet. Die Synapsen werden dadurch lernbereiter, also leichter gebahnt. Es erfolgt also ein **Lernen, mit Stress umzugehen**, indem neuronale Gruppen gebahnt werden, die die bestehenden Spannungen abbauen können.
Wichtig: Diese neuronalen Gruppen sind neu!

„Wenn sich ein Mensch immer wieder komplexen, vielfältigen Anforderungen stellt, dann führt dies über die Herausbildung immer komplexerer und differenzierterer Schaltkreise zu einer optimierten Expression seines genetischen Potentials". (Grawe)

Man findet bei Ratten, die als Jungtiere erhöhten Herausforderungen (z.B. in Labyrinthversuchen) ausgesetzt wurden, eine dickere Großhirnrinde, mehr und dickere Blutgefäße im Gehirn, mehr Gliazellen (die die eigentlichen Nervenzellen ernähren), besser verzweigte Pyramidenneurone (wichtigste Nervenzellen im Großhirn) und eine höhere Dichte von Synapsen (Schaltstellen) in der Großhirnrinde.

Folgerung: Stress bzw. Inkongruenz an sich ist nicht immer negativ.
Es kommt darauf an, ob der Zustand kontrollierbar ist oder nicht.
Kontrolle oder Ohnmacht entscheiden, ob ein Stressor förderlich oder schädlich ist!

Für den Bereich der Kindererziehung heißt das: Man sollte Kinder nicht von jedem Stress fernhalten, da sie sonst keine ausreichenden (=erfolgreiche) Erfahrungen mit Stress machen können und später umso stressanfälliger werden. Sie müssen dabei v.a. die Erfahrung machen, dass sie die Situation kontrollieren können. Das Gleiche gilt im Prinzip auch für die Psychotherapie.

Die Kontrolle darf allerdings auch nicht zu „allmächtig" sein, da das Kind und auch der Proband lernen muss, mit Frustration umzugehen.

Wenn die Frustrationstoleranz allerdings zu sehr überschritten wird, z.B. durch Verbote, psychischen Druck etc. sehen wir manchmal das Phänomen der **Reaktanz**, eine Art Trotzreaktion, um wieder Kontrolle und Freiheitsräume zu erlangen. Zur Zeit sehen wir dies sehr ausgeprägt bei den sog. Impfverweigerern in der Corona-Pandemie.
Auch gilt der Satz: Trenne Absicht und Verhalten.

Neurophysiologische Folgen
von <u>unkontrollierbarem Stress</u>

Fast genau die entgegengesetzte Wirkung hat Stress, wenn er nicht zu kontrollieren ist:

Während die noradrenerge Stressreaktion (Ausschüttung von Adrenalin und Noradrenalin) schnell und zeitlich begrenzt abläuft, entwickelt sich die zunehmende Cortisol-Ausschüttung aus der Nebenniere bei nicht-kontrollierbarem Stress langsam ansteigend und anhaltend.

Durch die Schädigung spezieller Synapsen und der Pyramidenzellen im Hippocampus und Cortex werden zuvor erworbene Verhaltens-Muster „gelöscht" indem neuronale Verbindung destabilisiert werden. Also genau der gegenteilige Effekt wie beim kontrollierten Stress.
Huether sieht es als adaptiven Mechanismus, bei dem Verhaltensmuster, die nicht geeignet waren, den Stress zu kontrollieren sinnvollerweise gelöscht werden, damit sie durch andere, sinnvollere ersetzt werden können.
Diese Überlegung ist umstritten, da Verhaltensmuster im Allgemeinen nicht gelöscht werden, sondern andere, neue Verhaltenmuster gebahnt werden, die durch Übung die alten Muster nach und nach überlagern. (siehe „Trampelpfade" im nächsten Kapitel)

Das neue Muster überschreibt das alte Muster, das aber immer noch da ist und durch bestimmte Trigger sehr schnell wieder reaktiviert werden kann. Die Amygdala ist auch in diesem Zustand noch sehr wohl lernbereit (siehe „Körpergedächtnis") und „feuert", sobald die alten Muster wieder aktiviert werden, manchmal sogar stärker als früher. Dieser Vorgang läuft oft unbewusst ab und verändert damit unsere Gefühlslage, ohne dass wir mit Denken und Handeln gegensteuern können. Es sei denn, wir machen den Prozess „bewusst" sichtbar und damit veränderbar.

Gegenüberstellung

akuter Stress (kontrollierbar)	chronischer Stress (nicht kontrollierbar)
Alarm: Flucht oder Kampf	Ohnmacht, Ausgeliefertsein, Burnout
Puls und Blutdruck gehen hoch, aber nur für die Dauer der Auseinandersetzung mit dem Stress	chronisch erhöhter Blutdruck, dadurch dauerhafte Schädigung der Gefäße
Mobilisation von Glucose	Diabetes mellitus Typ II
Muskeltonus hoch reguliert	chronische Rückenschmerzen
Verdauung runter reguliert	Magengeschwüre, Darmentzündungen
Sexualfunktion runter reguliert	Libidoverlust, Depression
Immunsystem runter reguliert	chronische Infektanfälligkeit

46

Was bedeutet das für die Diagnose „DEPRESSION"?

Die Depression kann man als Anpassung an eine unerträgliche und unkontrollierbare Situation sehen. Durch Dissoziation (Abspaltung von Bewusstseins-Inhalten) und Herunterfahren aller Aktivitäten bzw. Vermeidung aller Interaktionen mit der Umwelt wird versucht, den Zustand irgendwie erträglicher und kontrollierbarer zu machen. Seligman nennt es die „gelernte Hilflosigkeit".

Man kann den Prozess auch folgendermaßen beschreiben:
Durch Unsicherheit und Zweifel an den eigenen Fähigkeiten, die Bedrohung zu kontrollieren, entsteht ANGST in Form einer ungewissen Hilflosigkeit. Diese geht über in eine bewusst wahrgenommene Hilflosigkeit bzw. einen ängstlich-depressiven Zustand, der dann in eine ausweglose Hoffnungslosigkeit und damit in die manifeste DEPRESSION mündet.

Besonders klar wird der Zusammenhang zwischen Kontrolle, Angst und Stress als körperliche Reaktion durch den Unterschied zwischen depressiven Frauen mit und ohne Missbrauch-Erfahrungen in der Kindheit: bei Frauen mit Missbrauch in der Kindheit erfolgt im Stresstest (mit Messung von ACTH und Cortisol) eine sechs-fach höhere Ausschüttung der Stresshormone als bei den Frauen ohne Missbrauch in der Anamnese.

Gerade bei Angststörungen spielt das Grundbedürfnis nach Orientierung und Kontrolle eine entscheidende Rolle.
Bei vielen Angststörungen ist häufig das verzweifelte Bemühen um Kontrolle das Leitsymptom. Wie z.B. das zwanghafte Grübeln bei der Generalisierten Angststörung.
Das ständige GRÜBELN ist der dysfunktionale (=untaugliche) Versuch, Kontrolle über etwas zu gewinnen, was außer Kontrolle geraten ist.

Die Angst wird häufig stabilisiert durch
a) das Vermeiden der Angstsituation
b) das übermäßige Bekämpfen der Angst und
c) eine übermäßige Beachtung der Angst, z.b. durch ständige Selbstbeobachtung.

Nerdbox:

Bei der Depression wird lt. Grawe der **ACC deaktiviert, der für die zielgerichtete Auseinandersetzung mit der Umgebung wichtig ist.** Man kann diesen Aspekt als ein **Aufgeben des Bemühens um Kontrolle** sehen. Die Vermeidungs-Muster werden maximal aktiviert. Neurophysiologisch heißt das: auch hier wird der ACC deaktiviert und durch den Stress werden Zellen im Hippocampus abgebaut (der Hippocampus schrumpft messbar).

Es erfolgt damit eine generalisierte Schutz- und Abwehrhaltung, auch vor dem klaren Erleben von Gefühlen, obwohl die Amygdala eher stärker reagiert. (Eine Erklärung für die „Angst vor der Angst")

Löse das Problem, nicht die Schuldfrage

Wer ist Schuld? - Die Kindheit? Die Eltern? Der Missbrauch? Die Angst? Der Stress? - Es gibt viele Möglichkeiten durch Schuldzuweisung den Kontrollverlust erträglich zu machen. Alles ist legitim, auch die Depression und die Angststörung. Leider löst es oft nicht das Problem der schlechten Gefühle, was ja das eigentliche Ziel sein sollte. Das liegt in erster Linie daran, dass alle die angeführten „Schuldigen" nicht (mehr) oder nur sehr begrenzt beeinflusst werden können, und damit über diesen Weg keine Kontrolle erreicht werden kann.

<u>Daher sollten immer folgende Fragen gestellt werden:</u>

1) Was kann ich beeinflussen?
Es muss u.a. geklärt werden, wie es zu dem momentanen Zustand gekommen ist.
Und dann: welche Faktoren muss ich wohl oder übel akzeptieren und welche Aspekte kann ich verändern (Denken, Handeln).

2) Wie kann ich es beeinflussen?
Die Frage also nach den Ressourcen
- und ganz wichtig: nach den Zielen.

3) Konkrete Maßnahmen:
Was kann ich mit wenig Energie erstmal verändern
(z.B. die Tagesstruktur) - kurz- mittel- und langfristige Ziele.

Also:
Wie komme ich vom „away from" zum „towards to"?
Viel Arbeit - aber: gehen Sie's an, es lohnt sich
– und holen Sie sich Hilfe!

Ein Beispiel: **Kränkung als unkontrollierbarer Stress**
Herr W. ist seit einigen Monaten wegen „Burnout" krank geschrieben. Vor zwei Jahren musste er das Team und das Arbeitsgebiet wechseln. Obwohl er seine Kollegen eigentlich als eher zugewandt und verständnisvoll schildert, sagt er, dass er sich nicht im Team angekommen fühlt. Er zeigt einige Symptome der Depression, v.a. die Antriebslosigkeit und auch einige psychosomatische Symptome, m.E. aber keine wirkliche Depression nach den ICD10-Kriterien. Sehr schnell habe ich den Verdacht, dass es sich v.a. um eine typische Kränkung handelt, was sich im weiteren Verlauf immer mehr bestätigt. Er wurde wohl wegen Aufmüpfigkeit in das neue Fachgebiet „strafversetzt", zumindest empfindet er es so.

Er sollte sich dann in das neue Gebiet einarbeiten, hatte aber große innere Widerstände dagegen, was sich zwangsläufig auch auf die Ergebnisse seiner Leistungen und die Anerkennung bei den Kollegen auswirkte. Immer wieder betont er, dass er nicht eingearbeitet worden sei, dass Vorgesetzte und Kollegen zwar freundlich seien, aber keine Zeit für ihn gehabt hätten etc. – Irgendwann sei es nicht mehr gegangen und er habe nur noch dagesessen und habe vor sich hingestarrt ...

Wenn ich das Konzept vom kontrollierbaren und unkontrollierbaren Stress auf diesen Fall anwende, komme ich zu folgendem Schluss:
Die Kränkung ist der unkontrollierbare Stress. Dieser ist so überwältigend, dass er Herrn W. psychisch lähmt und ihn v.a. davon abhält, seine Energie auf den kontrollierbaren Stress zu lenken, also auf das, was er aktuell aktiv beeinflussen kann, das selbständige Einarbeiten in die neuen Aufgaben und Herausforderungen.
Wenn er es schafft, die Kränkung als das zu sehen, was sie ist: Vergangenheit, nicht zu ändern und damit unkontrollierbar, dann schafft er es vielleicht auch, sich auf das zu konzentrieren, was er ändern kann, nämlich sich genügend Wissen anzueignen, um vor seinen Kollegen und Vorgesetzten und auch in seiner eigenen Selbstwahrnehmung zu bestehen.
Also auch hier: Löse das Problem, und nicht die Schuldfrage
- was kann ich verändern, was muss ich akzeptieren (lernen)?

Noch ein Beispiel: „Die Alten Rechnungen"
Ergänzend noch eine sehr wirksame Methode, zu verhindern, dass man glücklich wird, weil das Grundbedürfnis nach Kontrolle stärker ist als alles andere: **Die mangelnde Bereitschaft, eine alte Rechnung zu zerreisen und nie wieder daran zu denken:**
Frau E. hat noch viele alte Rechnungen offen. Bei ihrer Mutter, die sie ab dem 10. Lj. nicht mehr beachtet hat, bei ihrem Vater, der nie für sie da war, vor allem bei ihrem Mann, der jahrelang fremd gegangen ist, jetzt alt und müde ist und seine Ruhe haben will. Vor allem ihm

präsentiert sie jeden Tag die alte Rechnung, obwohl er sich x-mal entschuldigt hat und alles für sie tut – auch schon immer getan hat – damit es ihr gut geht. Er will damit quasi die alte Rechnung bezahlen, zumindest einen Teil davon, soviel er halt kann. Aber sie sagt: Nein, ich will, dass die alte Rechnung so hoch bleibt, wie sie ist. – Warum? Weil sie ihn damit unter Druck setzen kann. Je höher die Rechnung ist, umso mehr. Er steht auch stellvertretend für alle anderen Rechnungen, die aber nie bezahlt werden können, da sie sich z.B. bei den Eltern nicht eintreiben lassen. Er aber kann sich nicht wehren!

Wut ist eine starke Emotion. Zerstörerisch, aber sie gibt Kraft. Deshalb ist es so attraktiv, sie zu pflegen, anstatt sie aufzugeben. Wut befriedigt hier das Grundbedürfnis nach Kontrolle und nach Selbstwerterhöhung. Eigentlich will ich geliebt werden, das Grundbedürfnis Bindung befriedigen, aber das geht nicht, also behalte ich die Wut und wehre mich dagegen, sie aufzugeben, weil dann habe ich gar nichts mehr.

Wut kann natürlich auch für das genaue Gegenteil stehen: Kontrollverlust und Verletzung des Selbstwertes. – Man muss also bei einer Emotion immer genau hinschauen, welche Bedürfnisse werden verletzt und welche wollen befriedigt werden - und welche Emotionen werden dabei instrumentalisiert.

Interessant wird es, wenn Bedürfnisse mehr oder weniger bewusst in den Hintergrund gedrängt werden. Nachfolgend die Aufgabe von Kontrolle, später im Kapitel nochmal die Abwertung des eigenen Selbstwertes.

Die freiwillige Auf-/Abgabe von Kontrolle

Alle lebenden Systeme müssen dem zweiten Hauptsatz der Thermodynamik entgegen wirken. Das heißt: um eine innere Ordnung aufzubauen, müssen wir Energie aufwenden, und dabei versuchen wir möglichst wenig Ressourcen (z.B. Glukose) zu verbrauchen. Das Gehirn verbraucht im Ruhezustand ca. 20% der gesamten Energie im Organismus. Dieser Anteil steigt enorm bei Konflikten oder dem Lernen von etwas Neuem.

Um den Zustand von Erschöpfung zu vermeiden, neigen wir zu Verdrängung, Ablenkung, Abspaltung, Weghören, Wegschauen, Abschalten, Verleugnen, und v.a. zur Komplexizitätsreduktion. Durch das Vereinfachen von Zusammenhängen und Fakten reduzieren wir den o.g. Aufwand erheblich. Wir schonen quasi unsere Ressourcen indem wir auf tiefer abgelegte Automatismen (Vorurteile, Gewohnheiten) zurückgreifen. Ein Verhalten, das v.a. dann immer effektiver ist, als tieferes Nachdenken, wenn es sich um kurzfristige, akute Bedrohungen handelt. Insofern sehr gut nachvollziehbar und manchmal auch sinnvoll.

Das Problem ist, dass es in einer ständig sich verändernden Welt keine gute Strategie ist, auf solche Automatismen zu setzen, da die langfristigen Folgen dabei ausgeblendet werden, und die komplexe Wirklichkeit uns irgendwann einholen wird.

Ein Paradebeispiel dafür ist die zunehmend rasanter fortschreitende Zerstörung unseres Planeten und auch die momentane Bedrohung durch die neuen Corona-Viren. Viele Menschen werden dadurch so verunsichert, dass sie es aufgegeben haben, an ihre eigenen Möglichkeiten zu glauben, Probleme zu lösen. Stattdessen laufen sie lieber einem Donald Trump oder irgendwelchen Querdenkern hinterher. Kontrollverlust heißt hier: ich darf die Kontrolle und damit die Verantwortung(!) für die „Probleme der Welt" abgeben.

Ein anderes Beispiel ist das Thema **Homeoffice**. Dies erfordert v.a. die Fähigkeit und Forderung, Struktur zu schaffen. Eine Struktur, die vorher durch die Arbeitgeber o.ä. vorgegeben wurde. Vorher wurden die Arbeitsabläufe von außen gesteuert, jetzt muss ich mir den Arbeitstag selber strukturieren. Das erzeugt bei vielen Menschen zuerst einmal das Gefühl von Ohnmacht und Hilflosigkeit, weil die Verantwortung für die Befriedigung des Grundbedürfnisses nach Kontrolle und Orientierung jetzt komplett bei mir liegt, während ich es vorher wenigstens zum Teil nach außen abgeben konnte.

Was braucht es, um dieser Verantwortung gerecht zu werden und sich trotzdem gut zu fühlen? – Mut!
„Den Mut, sich seines eigenen Verstandes zu bedienen" (Kant).

Den Mut, sich eigene Strukturen zu schaffen, mit Stift und Papier, Beachtung von individuellen Zeiten der Kreativität und Konzentration, Glaube an die eigenen Fähigkeiten und eine große Portion Gelassenheit mit dem Mut, auch immer wieder mal zu scheitern.

Entscheidend ist dabei auch der Mut zur Wahrheit unter Berücksichtigung von
Ehrlichkeit: sich selbst gegenüber - was weiß ich wirklich?
Kompetenz: von wem stammen welche Informationen? und
Konsistenz: wie passen die Informationen in des Bild der Welt, das ich mir schon erarbeitet habe?
Ganz wichtig: Wir bekommen die Wahrheit nie am Stück, sondern immer als Mosaik, das wir uns zusammenpuzzeln müssen!

Das Grundbedürfnis nach Bindung

Kleinkindzeit, Kindheit und Jugend sind Jahre der Unreife, in denen Erwartungen und Vertrauen in die Verfügbarkeit von Bindungspersonen entstehen. Die Psychologen sprechen von „dyadischen Beziehungserfahrungen". Die Grundmuster, die dabei entstehen bleiben sehr stabil für den Rest des Lebens weitgehend unverändert bestehen. Sie finden ihren Niederschlag im unbewussten Gedächtnis in Form von weitgehend vorgeformten Wahrnehmungs-, Verhaltens- und Emotions-Mustern, die für alle nachfolgenden Beziehungen zum großen Teil prägend sind.

Wenn das Kind z.B. abgewiesen wird, führt das zur Entfremdung und Distanzierung von der Bezugsperson. Das Kind zieht sich in sich zurück und lebt immer mehr in seiner eigenen Welt. Vor allem ein nicht vorhersehbares, wechselndes Verhalten der Bezugsperson führt beim Kind zu einer übermäßigen Abhängigkeit und chronischer Angst vor dem Verlust der Bezugsperson.

Eine ungestörte, „gesunde" Bindungsbeziehung besteht dann, wenn das Kind lernt, dass es v.a. zwei stabile Verhaltensweisen erwarten kann:
a) Trost, Fürsorge und Schutz, wenn es vom Kind verlangt wird.
b) die Möglichkeit, seine Neugier auf andere soziale Kontakte zu befriedigen, ohne dabei behindert oder gar bestraft zu werden.

Bindungstypen
Nach einem Versuchsaufbau von Mary Ainsworth (s.u.) unterscheiden die meisten Experten vier Bindungstypen:

(1) ein **sicheres** Bindungsverhalten (BV) (ca. 2/3 aller Kinder)
(2) ein **unsicher-vermeidendes** BV
(3) ein **unsicher-ambivalentes** BV
(4) ein **desorganisiertes oder desorientiertes** BV

Exkurs:

Versuchsanordnung zur Ermittlung des Bindungstyps:

Situation 1: Das 4jährige Kind spielt, die Mutter ist im Raum
Situation 2: Die Mutter verlässt den Raum, das Kind ist allein
Situation 3: Eine fremde Frau kommt herein, versucht das Kind zu beruhigen, und geht wieder hinaus.
→ Verhalten des Kindes = a

Situation 4: Die Mutter kommt wieder herein und kümmert sich um das Kind
→ Verhalten des Kindes = b

Verhalten des Kindes = a

Typ1 =
Das Kind ist sehr beunruhigt, lässt sich aber von der fremden Frau beruhigen
Typ2 =
Das Kind zeigt kaum Beunruhigung, obwohl der innerer Stresslevel sehr hoch ist
Typ3 =
Das Kind ist sehr verängstigt, lässt sich kaum beruhigen
(es ist ganz mit der Beziehung beschäftigt und unfrei für andere Aktivitäten)
Typ4 =
Das Kind spielt anscheinend unbeirrt weiter oder verhält sich unberechenbar

Verhalten des Kindes = b

Typ1 = **Sichere Bindung**
Das Kind sucht sofort wieder die Nähe zur Mutter

Typ2 = **Unsicher vermeidende Bindung**
Das Kind spielt einfach weiter, ohne die Nähe zur Mutter zu suchen
(es vermeidet Verletzungen indem es sich nicht mehr auf Nähe einlässt)

Typ3 = **Unsicher ambivalente Bindung**
Das Kind haut einerseits die Mutter und umarmt sie gleich wieder, (schwankt also zw. Aggression und Nähe, zeigt also ein konflikthaftes Muster bei Nähe, hat Angst, diese zu verlieren und zeigt bei fehlender Nähe Angst vor dem Alleinsein)

Typ4 = **Desorganisierte Bindung**
Das Kind spielt anscheinend unbeirrt weiter oder verhält sich unberechenbar
(zeigt also ein bizarres oder stereotypes Verhalten, wie z.B. beim Hospitalismus
Verdacht auf schwere Verletzung der Bindungsbeziehung, oft bei fehlender Beziehung oder Missbrauch)

Neurobiologie des Bindungsbedürfnisses

Die beschriebene Testsituation bedeutet für alle Kinder, egal welcher Typ, einen erheblichen Stress und somit eine Ausschüttung von Stresshormonen, u.a. Cortisol.

Beim **Typ1 (sichere Bindung)** nimmt die Cortisol-Ausschüttung prompt wieder ab, da die Stressregulierung über die Nähe zur Bezugsperson erfolgt. Solche Kinder haben eine emotional offene Strategie und verleihen ihren Gefühlen Ausdruck. Sie nutzen ihre Bezugsperson als sichere Ausgangsbasis, von welcher aus sie den Raum erkunden und auch mit der Testerin in Kontakt treten.

Beim **Typ2 (unsicher-vermeidende Bindung)** erfolgt die Regulierung nicht über die Bezugsperson und der Cortisolspiegel bleibt über mehrere Stunden erhöht. Die Kinder zeigen eine **Pseudo-unabhängigkeit** von der Bezugsperson. Sie zeigen ein auffälliges Kontakt-Vermeidungsverhalten und beschäftigen sich primär mit Spielzeug im Sinne einer Strategie zur Stresskompensation.

Beim **Typ3 (unsicher-ambivalente Bindung)** verhalten sich die Kinder widersprüchlich-anhänglich gegenüber der Bezugsperson. Auch hier bleibt der Cortisolspiegel längerfristig erhöht, da keine adäquate Regulierung stattfindet. Auch in Anwesenheit der Bezugsperson interagieren sie kaum mit der fremden Person. Sie wirken wie hin- und hergerissen zwischen dem Bedürfnis nach Nähe zur Bezugsperson und gleichzeitigem Ärger auf diese Person.

Beim **Typ4 (desorganisierte Bindung)** ist das Hauptmerkmal solcher Kinder: bizarre Verhaltensweisen wie Erstarren, Im-Kreis-Drehen, Schaukeln und andere stereotype Bewegungen sowie völlige Emotionslosigkeit. Bei diesen Kindern ist der Cortisolspiegel dauerhaft erhöht. Die Bindungsperson bietet teilweise emotionale Sicherheit, teilweise ist sie jedoch auch die Quelle der Angst. Dies tritt beispielsweise bei Misshandlung durch die Bezugsperson auf. Die

Bezugsperson fügt dem Kind lebensbedrohliche Gewalt zu, ist aber gleichzeitig die einzige Person, die das Kind versorgt. Es besteht eine Abhängigkeit von der Bedrohung und das Kind befindet sich somit in einer paradoxen „lose-lose" Situation; egal was es tut, es ist falsch.

In Langzeituntersuchungen findet man auch nach 20 Jahren bei ca. 70% ein stabiles Bindungsverhalten in den entsprechenden psychologischen Testverfahren.
Änderungen erfolgen bei gravierenden Lebensereignissen wie z.B. Scheidung oder Depression der Eltern. Das Bindungsverhalten der Eltern und sogar der Großeltern spielt anscheinend eine erhebliche Rolle. Manche Autoren sprechen von einer 80%-Vorhersage für das Kind entsprechend dem BV der Mutter und einer ca. 75%-Vorhersage für die Enkel bei dem BV der Großmutter. (Die Zahlen erscheinen mir etwas hoch, aber eine gewisse Korrelation ist sehr wahrscheinlich)

Lerne dein Kind
niemals gering
von sich zu denken.
Gewöhnt es sich,
so zu empfinden,
so werden auch
andere sich gewöhnen,
es niedrig zu achten,
jetzt das Kind,
später den Mann.

Bindungserfahrung – Selbstregulation lernen

Für eine positive Bindungserfahrung sind enge körperliche, d.h. sinnliche Interaktionen hilfreich, wahrscheinlich sogar notwendig. Hierzu gehören die Wahrnehmung von Gerüchen, Berührungen, Laute, Anblicke, Körpergefühle u.ä. – diese Sinneseindrücke werden durch die Ausschüttung von Oxytocin und Prolaktin, also den typischen „Bindungshormonen", besonders gut im Gedächtnis gespeichert, da beide Hormone besonders gedächtnisfördernd sind.

D.h., was im Zusammenhang mit Bindungserfahrung abgespeichert wird, wird besonders tief im Gedächtnis verankert.

Wenn ein Kind geplagt von Angst und Schmerz (physisch oder psychisch) im Schoss der Mutter Trost und Zuflucht findet, wird dadurch eine Kaskade von Endorphinen (körpereigene Opiate) und Oxytocin ausgeschüttet und hemmt damit schlagartig Angst und andere negative Emotionen.

Das ist wichtig für die spätere **Selbstregulation**, d.h. die Fähigkeit, mit negativen Emotionen umzugehen. Wenn diese Fähigkeit unzureichend ausgebildet wird, ist das Risiko für spätere psychische Störungen deutlich erhöht. D.h., dieses Risiko ist in der Entwicklung des Menschen lange vor der Fähigkeit zur bewussten Erinnerung angelegt. Das limitiert die Suche nach „dem Schuldigen", z.B. in der Psychoanalyse.

Das heißt aber auch, dass ein schon sehr frühes „Feinfühligkeitstraining" von Eltern zur Stärkung der Bindungskompetenz einen sehr hohen präventiven Nutzen hätte.

Es würde damit nicht nur viel Leid verhindert werden können, sondern es würde auch erheblich die Ressourcen im Gesundheitswesen schonen und wäre damit „billiger", als ganz viele spätere Interventionen von Psychologen, Sozialarbeitern, Strafbehörden etc.

Denn die Folgen der Verletzung des Bindungsbedürfnisses in den ersten Lebensjahren sind erheblich:

- eine verminderte Stresstoleranz
- eine schlechtere Emotionsregulation
- eine geringere Selbstwirksamkeitserwartung
- ein schlechteres Selbstwertgefühl

Man muss kein Psychologe sein, um sich die Folgen für die psychische Gesundheit auszumalen, die eine solche Hypothek für den künftigen Lebens(ver)lauf mit sich bringt.

Vor allem die Auswirkungen auf das Gelingen späterer Beziehungen wurde vielfach untersucht. So unterscheiden mehrere Autoren

1- den **Sicher gebundenen,**
der sich ganz der Beziehung öffnen kann
2-den **Ängstlichen,**
der den Liebsten bedrängt und ständig nach Aufmerksamkeit ringt
3-den **Ambivalenten,**
der den Partner wegstößt, um ihn kurz darauf wieder zu beknieen
4-den **Vermeider,**
der sehr schlecht zu viel Nähe des Partners erträgt

Ich warne allerdings vor fatalistischen Prognosen nach dem Motto „Einmal Kind, immer Kind". Man sollte den Einfluss der Kindheit nicht unterschätzen aber auch nicht überschätzen.

Da lebenslanges Lernen nicht nur möglich, sondern auch notwendig ist, kann auch eine „schlechte" Kindheit später durchaus trotz allem zu einem glücklichen Leben führen, wenn die nachfolgenden Umstände günstig sind und die Bereitschaft da ist, zu sagen:

bzw. **Löse das Problem und nicht die Schuldfrage**

Trennungserlebnis, Panik und Schmerz

Wie tief Verletzungen des Bindungsbedürfnisses gehen können, sieht man an den Panik-Reaktionen von Kindern mit einem Trennungstrauma.

Der Panik-Schaltkreis ist gut untersucht. U.a. bei Primaten, bei denen man Jungtiere von der Mutter getrennt hat. Angstlaute, die bei diesen oft grausam anmutenden Experimenten beobachtet wurden sind anders, „herzzerreißender" und „jammervoller" als bei Angstsituationen in anderen Kontexten (z.B. bei der Konfrontation mit Feinden). Sie ähneln vielmehr den Lauten und sonstigen Äußerungen in Schmerz-Experimenten.

Dieser Schaltkreis hat auch tatsächlich seinen Ausgangspunkt im zentralen Grau in der Nähe des Schmerzzentrums (die weiteren

Stationen sind für das Folgende nicht relevant). Hier bekommt der Begriff „Trennungsschmerz" seinen neurophysiologischen Sinn.

Bemerkenswert ist, dass hier Opiate (also zentrale, auf die Schmerzverarbeitung im Gehirn wirkende Schmerzmittel) die Reaktionen deutlich abschwächen können. Das gleiche gilt für die typischen „Bindungshormone" Oxytocin und Prolaktin. Lange Zeit hatte man bei Schmerzpatienten, die als „psychosomatisch" eingeschätzt wurden, die Therapie mit Schmerzmitteln relativ schnell abgesetzt und durch Psychopharmaka ersetzt. Aufgrund der dargelegten Zusammenhänge wird diese Praxis heutzutage modifiziert, d.h. zentrale Schmerzmittel können durchaus auch als „Antidepressiva" gesehen werden, sofern sie differenziert, zeitlich begrenzt und unter engmaschiger Kontrolle eingestzt werden.

Interessant ist auch, dass Testosteron die Klagelaute ebenfalls dämpfen können. Das würde erklären, warum Frauen häufiger und schneller weinen als Männer (unter anderem!)

(In Kenntnis dieser Zusammenhänge erscheint es besonders grausam und unverzeihlich, wenn ein amerikanischer Präsident kleinen Kindern die Mutter wegnehmen lässt, um sie dann in kleine Käfige zu sperren.)

Ziele einer Psychotherapie
Grawe formuliert
5 Kategorien von Zielen einer Psychotherapie:
1) Problembewältigung / Symptomreduktion
2) Interpersonale Ziele (= zwischenmenschliche Probleme lösen)
3) Wohlsein / Abwehr von Unwohlsein
4) Orientierung / Sinnfindung
5) Selbstentwicklung / Selbstwert würdigen

Interessant ist bei entsprechenden Befragungen, dass der Punkt (2) (Zwischenmenschliches, Probleme mit Anderen) fast immer vertreten ist, entweder alleine oder in Kombination mit den anderen Zielen. Das zeigt, wie sehr Bindungsprozesse in allen anderen psychischen Prozessen mit eingebunden und oft sogar bestimmend sind.

Dementsprechend häufig werden hier auch und ganz besonders „die Schuldigen" für viele psychische Probleme gesucht:
Die Welt (Umstände), in die wir hineingeboren werden, die Eltern, die versagt haben, die Lehrer, die Peer-Groups (Mobbing i.d. Schule), später die Vorgesetzen und die Arbeitsverhältnisse, und natürlich sehr häufig der Partner bzw. die Familie.
Bei allen Beispielen lohnt es sich, genau darauf zu schauen was kann ICH verändern (Mobile-Modell), welche Fähigkeiten und Ressourcen stehen mir zur Verfügung etc. – was ist das Ziel?

Auch hier gilt einmal mehr:
Löse das Problem und nicht die Schuldfrage.
Das ist auch die Voraussetzung dafür, dass ich die anderen Punkte bearbeiten kann:

Punkt (1) bei dem um ganz konkrete Lösungswege geht, um das „Symptom" = schlechtes Gefühl loszuwerden.
Beispielsweise: aus einer Depression wieder herauskommen, einen Zwang loszuwerden (Wasch-, Ordnungs- oder Kontroll-Zwang etc.) oder ganz allgemein mit Ängsten umgehen zu lernen (Spinnen-Phobie, Angst vor engen Räumen oder großen Plätzen, Angst vor sozialen Kontakten usw.).

Punkt (3) bei dem ich lernen soll, mich wieder wohl fühlen zu können. Hierzu gehört z.B. das bewusste Wahrnehmen der Wirklichkeit über die Sinne (Sehen, Hören, Riechen, Schmecken, Tasten). Vieles davon wird heute unter dem Schlagwort „Achtsamkeit" vermittelt.

Punkt (4) bei dem ich wieder Orientierung bekommen soll. Wichtig ist hier die sogenannte „Psychoedukation", bei der es um das Verstehen der Zusammenhänge von Biographie, äußeren Umständen und Störung geht. Sowie das Erlernen von Techniken, um wieder Kontrolle über mein Leben zu erlangen.

Punkt (5) bei dem es darum geht, ein Gefühl für den eigenen Wert und die eigene Selbstwirksamkeit (wieder) zu entwickeln.

Wir machen uns alle beliebt oder verhasst, während wir in der Einsamkeit eines Zimmers sitzen.

Womit wir beim nächsten Grundbedürfnis wären:

Das Grundbedürfnis nach Selbstwerterhöhung und Selbstwertschutz

Alfred Adler, einer der Begründer der Psychoanalyse, sah die Überwindung des Minderwertigkeitsgefühls als die wichtigste Motivationsquelle des Menschen.

Das muss man allerdings relativieren. Selbstwerterhöhung ist nicht wichtiger als die anderen Grundbedürfnisse – aber: es ist ein spezifisch menschliches Bedürfnis, da es die Fähigkeit zu reflexivem Denken voraussetzt, es braucht also Selbst-Bewusstsein.

Das Selbstbild entwickelt sich durch Interaktion mit anderen Menschen. Dabei spielt die Sprache eine entscheidende Rolle:
a) zur Kommunikation
b) beim inneren Dialog (wir denken in unserer Sprache)
Auch Scham, Ehrgefühl oder Kränkung setzen Selbstbewusstsein voraus. Die Selbstwert-Signale werden mehrstufig verarbeitet, v.a. durch viele Bewertungen.

Diese Schaltkreise sind komplexer als die anderen. Die Befriedigung dieses Bedürfnisses setzt die höchste „hierarchische Informationsverarbeitung" voraus und ist extrem subjektiv. Sie kommt daher erst relativ spät zur Geltung. Als Säugling oder Kleinkind ist das Grundbedürfnis nach Bindung oder Kontrolle schon da, aber es gibt noch kein Selbstbild, das auf- oder abgewertet werden könnte.

Warum werten sich manche Menschen selber ab?

Warum suchen sie sich auch oft entsprechende Partner, die diese Abwertung unterstützen?

Die Antwort ergibt sich auch hier oft durch den Blick auf die Kindheit:
Als schlecht behandeltes Kind gibt es zwei alternative Hypothesen:
 a) Ich bin gut – die Mutter ist schlecht
 b) Ich bin schlecht – die Mutter ist gut
Bei a) bin ich der schlechten Mutter hilflos ausgeliefert, ohne Hoffnung, selber an der Situation etwas ändern zu können. Ich lebe ständig entweder in Angst und Wut oder in Hoffnungslosigkeit oder schwanke zwischen beidem.
Bei b) besteht die Hoffnung, doch etwas selber ändern zu können und ich habe ein gewisses Gefühl der Kontrolle. Das ist also die bessere Wahl.

Das Problem bei unsicher-vermeidender Bindung ist, dass diese Kinder für die Mutter sehr oft ganz objektiv keine Freude sind und sich die Frage aufwirft: „Warum bist du nicht so wie andere Kinder?" Das Ping-Pong von Selbstwert-Konflikt und zunehmend schwierigem Verhalten schaukelt sich auf. Die Mutter ist chronisch überfordert.

Warum ist ein stabiles Selbstbild oft so wichtig?

Ein wichtiges Ziel oder Motiv für ein bestimmtes Handeln ist oft, ein vorhandenes Selbstbild aufrecht zu erhalten, es zu „verifizieren".
Bei jeder Änderung des Selbstbildes besteht die Gefahr des Kontrollverlustes oder Änderung des Beziehungsgeflechtes, was unter Umständen unbedingt vermieden werden soll.
Daher ist es manchmal problematisch, von jemandem „Mut zur Ehrlichkeit" oder „Authentizität" zu verlangen. Und wer sich dazu verführen lässt, kann manchmal in eine tiefe Krise stürzen. Deshalb haben manche „Etiketten" oder „Codicees", also schematisierte und

von einer umschriebenen Gesellschaft akzeptierte Umgangsformen durchaus ihre Berechtigung im Sinne einer Schutzfunktion.

Das Stellvertreter-Selbstbild

Auch Personen mit schlechtem Selbstwertgefühl haben weiterhin das Bedürfnis auf Selbstwerterhöhung, v.a. wenn sie nicht offen dazu stehen müssen. Dieses Bedürfnis wird dann evtl. dadurch befriedigt, dass man auf attraktive Personen verweist, mit denen man gemeinsame Merkmale aufweist, z.b. den gleichen Geburtstag oder gleiche Zugehörigkeit: „Ich bin stolz darauf, ein Deutscher / Weißer / Mann ... zu sein". Objektiv völlig sinnlos, auf etwas stolz zu sein, zu dem man nicht das Geringste beigetragen hat, aber es befriedigt genau dieses Bedürfnis auf Selbstwerterhalt.

Genauso wie die Identifikation mit einer erfolgreichen Gruppe, einer Nation, Sport-Mannschaft (Fan-Gehabe) etc. Auch das Führer-Prinzip oder die bedingungslose Unterwerfung unter die Führung eines „Messias" kann zur Befriedigung dieses Bedürfnisses beitragen.

(Damit sei nicht behauptet, dass diese Gruppen-Bildungen nur diesem einen Ziel dienen, selbstverständlich gibt es noch andere Aspekte, unter denen man diese Phänomene beleuchten kann, aber es ist auf jeden Fall ein wichtiger Aspekt).

Selbstbewusstsein bewusst und unbewusst

Das unbewusste System führt spontan zu einer Selbstwerterhöhenden Reaktion, und das bewusste und dann auch ausführende (exekutive) System führt zu einem Kompromiss zwischen Selbstwerterhöhung und den anderen Bedürfnissen gemäß dem Konsistenzprinzip.

Das bewusste Funktionssystem zeichnet sich u.a. durch eine hohe vernunftmäßige (kognitive) Verarbeitung aus. Daraus resultiert ein hoher Energiebedarf und damit eine höhere Anfälligkeit unter Stress, wie z.B. unter Zeitdruck.

Beispiel:
In einer Testsituation sollen Kooperationspartner für einen gemeinsamen Test ausgesucht werden. Unter Zeitdruck werden Partner ausgesucht, die vorher schon positiv bewertet wurden. (eher bewusstes Verhalten, selbstverifizierend – ich mache das, was ich mit Vernunft begründen kann). Ohne Zeitdruck werden eher Partner ausgesucht mit einem geringeren Selbstwertgefühl als man selber hat (eher unbewusstes Verhalten, selbstwerterhaltend – ich mache das, bei dem ich neben dem anderen besser aussehe).

Merke: VERHALTEN ist grundsätzlich ein Kompromiss zwischen verschiedenen Bedürfnissen!

Selbstwerterhöhung und psychische Gesundheit.

Die meisten Menschen stellen sich positiver oder weniger negativ dar als der Durchschnitt. So sind wir alle die besseren Autofahrer als der Rest, was nach der allgemeinen Logik nicht zutreffen kann.
Diese – in Maßen – unrealistischen Überlegungen und leicht verzerrte Realitäts-Wahrnehmungen sind eher Zeichen von guter psychischer Gesundheit. Depressive Menschen sind dazu nicht (mehr) in der Lage, da hier das Annäherungs-System weitgehend herunterreguliert ist.

Die meisten Menschen neigen auch zu unrealistischem Optimismus und glauben, dass sie Krankheiten, Verbrechen oder Arbeitslosigkeit wahrscheinlich weniger treffen wird als andere.
Das hat die Natur weise eingerichtet. Sonst würde ein Bewohner eines brasilianischen Slums, der objektiv eigentlich keine Chance hat, an seiner Situation etwas zu verbessern, seelisch zerbrechen und

würde sofort aufhören, seine Familie irgendwie so gut es geht zu versorgen, was leider auch oft der Fall ist.

Da Rückkoppelungsprozesse ein wesentlicher Aspekt des normalen seelischen Funktionierens ist, führt diese Sichtweise, wenn es gut läuft, zu einer positiven Veränderung im Denken und Handeln (siehe Magisches Dreieck) und damit im besten Fall im Sinne einer Selbsterfüllenden Prophezeiung manchmal tatsächlich auch zu einer besseren individuellen Situation.
Auch hier gilt das Prinzip: **Löse das Problem** (wie erhalte ich meinen Selbstwert, direkt und indirekt) **und nicht die Schuldfrage** (warum bin ich schlecht).

Aus Luft-
schlössern
entstehen
die Paläste
der Erde.

Als Letztes kommen wir zu dem schillernsten Grundbedürfnis:

Das Grundbedürfnis nach Lustgewinn und Unlustvermeidung

Ein wesentlicher Teil aller Verhaltens-Muster sind Bewertungen aller Erfahrungen hinsichtlich der Qualität „gut" oder „schlecht".

- Erst kommt der spezifische Sinnes-Reiz
- dieser wird identifiziert
- dann unbewusst bewertet (v.a. in der rechten Hirnhälfte)
- egal ob gut (positiver Reiz) oder schlecht (aversiver Reiz)
- dann kommt (eventuell) die bewusste Bewertung
- und als Ergebnis entsteht ein
  annäherndes oder vermeidendes Verhalten.

Die Bewertung hängt dabei nicht einfach von den objektiven Merkmalen des Reizes ab, sondern
a) von den **Vorerfahrungen** und
b) dem **momentanen Zustand**.
Beispiel: kalter Luftstrom --> im Sommer=aaah, im Winter=brrrr
oder: Kaffee, Bier, Chili --> als Kind=bäääh, als Erwachsener=mmmh

Motive wie Zugehörigkeit, Kompetenz und Selbstwert spielen hierbei eine wichtige Rolle und sind meistens wichtiger als die eigentliche „hedonistische Qualität", sprich: der Genuss.
Das heißt: die ursprüngliche Sinneserfahrung wird mehrfach transformiert und in vorhandene Muster integriert. Die Spannung, z.B. bei Musik, Wein, Whisky o.ä., entsteht dabei v.a. aus dem Eintreten oder Nichteintreten von Erwartungen. - Wer Genuss erleben möchte, muss also neugierig und lernbereit sein und die Freude am Entdecken, Herausfinden und Bestätigen kultivieren.

Kapitel 3

Lerne, dich auf das zu konzentrieren, was du verändern kannst

"Wenn du willst, dass deine Kinder, deine Frau und deine Freunde ewig leben, bist du ein Narr; wenn du willst, dass du über das, worüber du nicht gebietest, gebietest, und dass das, was dir nicht gehört, dir gehöre. Und wenn du willst, dass dein Sklave keinen Fehler mache, bist du ebenso töricht; denn du willst, dass das Laster kein Laster sei, sondern etwas anderes. Wenn du aber den Willen hast, das Ziel deines Strebens nicht zu verfehlen, so steht das in deiner Macht. In dem also übe dich, was dir möglich ist"
(Epiktet, Handbüchlein der Moral)

Im vorherigen Kapitel habe ich versucht die weitgehend festgelegten Voraussetzungen zu erklären, nach denen unser zentrales Steuerungsorgan funktioniert. Im nachfolgenden Kapitel geht es um die Möglichkeiten zur Veränderung im Rahmen der vorgegebenen Struktur.

Das Mobile

In meiner Frauenarztpraxis haben mir Patientinnen ständig erzählt, wie sich ihr Mann, ihre (Schwieger-) Mutter oder ihre Kinder verhalten, und klagten minutenlang was diese alles falsch machen würden. Am Anfang hatte ich gedacht, nun ja, die Armen müssen ja auch einmal ihr Herz ausschütten. Meine Helferinnen wurden zeitweise wahnsinnig, weil sich dadurch die Sprechstunde und die Wartezeit der anderen Patientinnen in die Länge zog. Nach meiner NLP-Ausbildung habe ich aber gelernt, dass ich den Patientinnen keinen Gefallen tue, wenn ich mir nur ihr Gejammer anhöre. Irgendwann habe ich damit begonnen, die Patientin relativ schnell zu unterbrechen – damals eine Todsünde in der Psychotherapie – und sie zu fragen: Was wollen Sie

<u>an sich</u>, an <u>Ihrem</u> Verhalten ändern? Meisten kam dann eine sehr erstaunte Reaktion: Wieso ich? Er/sie soll sich doch verändern!
Und genau da liegt das Problem.

Um das zu veranschaulichen, habe ich in meinem Sprechzimmer über dem Tisch, an dem ich meine Gespräche führe, ein Mobile hängen, mit Fischen, Schmetterlingen, Federn, Herzchen etc., leicht und beweglich. - Ich erkläre dann meinen Klienten, dass dies ein Modell ihres sozialen Netzes darstellen soll. Jedes Element ein Teil davon. Der Partner, die Eltern, die Schwieger- oder Großeltern, die Kinder, die Freunde etc. – und ein Element (ich zeige dann meist auf den untersten Fisch oder Schmetterling) symbolisiert ihn bzw. sie selber.
Dann frage ich: „Welche Elemente können Sie direkt(!) bewegen?"

Nach etwas ungläubigem Nachdenken kommen die meisten von selber drauf, dass sie eigentlich nur ein einziges Element tatsächlich direkt bewegen können, nämlich ihr eigenes. – „Dann stubsen Sie das doch mal an." - Und das ganze Mobile, alle Teile bewegen sich. Chaotisch, nicht zu steuern in welche Richtung
- aber sie bewegen sich!

Merke: **Ich kann nur mich (mein Element) bewegen, d.h. ändern - dann bewegt sich das ganze Mobile (=das ganze System).**
Ich weiß zwar nicht, ob in die Richtung, die ich mir wünsche, aber es bewegt sich auf jeden Fall etwas. Ansonsten: wenn ich immer das gleiche mache, bekomme ich auch immer die gleiche Reaktion.

Ich kann ständig mit dem Kopf gegen die gleiche Wand laufen und mich über mein Kopfweh beklagen - oder ich ändere die Richtung und gehe durch die Tür!

Trampelpfade des Geistes

Bis zur 20. SSW (Schwangerschaftwoche) werden in jeder Minute über 250.000 Nervenzellen (Neurone) gebildet. Schon ab der 5. SSW sprossen die Zellfortsätze aus, die für die Impulsweiterleitung bzw. -verteilung verantwortlich sind (die Dendriten) und es werden die Kontaktstellen (Synapsen) gebildet, an denen die Informationsweitergabe von einer Nervenzelle zur anderen stattfindet. Die Zellen „wandern" an die vorgesehen Stellen im Gehirn, auch noch lange nach der Geburt, mit einem Maximum nach dem ersten Lebensjahr. Ein Prozess, der ab dem 11. Lebensjahr wieder rückläufig wird, um im 15.-16. Lebensjahr einen stabilen Zustand auf relativ niedrigem Niveau zu erreichen.

Der Grund für diese ca. 13 Monate „Nachreifung" unseres Gehirns liegt daran, dass wir alle natürliche Frühgeburten sind. Würde das Gehirn wachsen, bis es so ausgereift ist wie bei anderen Säugetieren, würde die dafür erforderliche Tragzeit bei 22 Monaten liegen, und wir würden nicht mehr durch den Geburtskanal kommen.

Es erfolgt also erst eine enorme Überproduktion von Nerven-Verbindungen, die dann abhängig vom „Gebrauch" wieder drastisch reduziert werden, indem jede Zelle um Nährstoffe konkurriert. Dadurch entsteht eine Selektion und eine Anpassung der Nerven-Zahl und Nerven-Verknüpfungen an die jeweiligen Funktionen, je nachdem, wie intensiv sie für die entsprechende Lösung einer Aufgabe gebraucht werden. Eine wesentliche Rolle spielt dabei der Prozess der „Myelinisierung", also der Isolierung der Nerven durch die Schwann'sche Scheide (eine Eiweiß-Hülle um den Teil des Nervs, in dem der elektrische Impuls weitergeleitet wird). Diese Isolierung hat den entscheidenen Effekt auf die Geschwindigkeit, mit der ein Impuls durch den Nerv entlang geleitet wird. Diese Hülle hat Einschnürungen, und der elektrische Impuls wird dadurch nicht kontinuierlich weiter geleitet sondern springt von einer Schnürung zur anderen und wird dadurch erheblich schneller. Viele Nervenverbindung sind also in der Kindheit schon da, aber noch nicht „online", weil die Isolation fehlt, und damit die rasche Fortleitung des Impulses. Deshalb sind manche Funktionen erst in einem späteren Lebensalter vorhanden. Das muss man berücksichtigen, wenn man die Entwicklung eines Kindes beurteilen will.

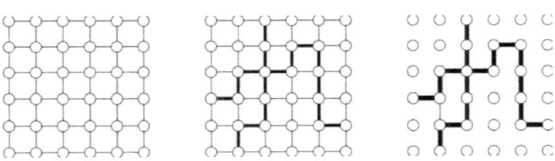

Lernen (indogermanisch: "leis") = Spuren legen

Stellen Sie sich vor, Sie schauen abends aus der Vogelperspektive auf einen öffentlichen Tierpark.
Am Morgen hat es geschneit und man sieht daher genau, wo die Menschen gelaufen sind: Vom Eingang zum Springbrunnen, zum Restaurant, zur Toilette usw. und am Schluss zum Ausgang. Je mehr Menschen die jeweiligen Punkte im Park besucht haben, desto breiter sind die Spuren, die sie im Schnee hinterlassen haben.
(aus einem Vortrag von Manfred Spitzer)

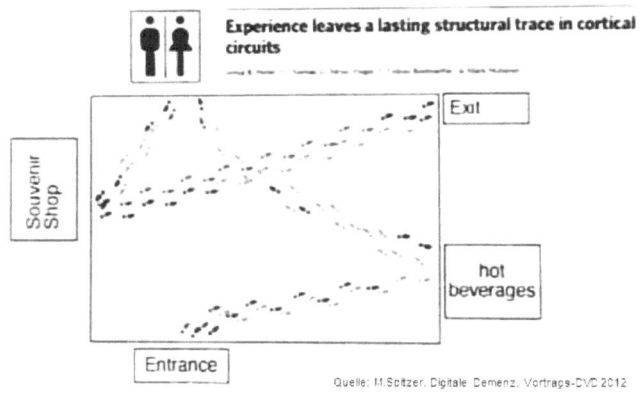

„Wege entstehen dadurch, dass man sie geht" sagt Franz Kafka. Und er hat recht. Sowohl was unser Beispiel betrifft, als auch was unser Gehirn angeht. Je häufiger wir einen Gedanken durch unser Neuronengewirr schicken, umso breiter wird die Spur, die er in unserem künftigen Denken hinterlässt. Besonders gut funktioniert das, wenn es mit Emotionen verknüpft passiert. Emotionen, positive wie negative, wirken immer als Verstärker der Spur, unabhängig vom Inhalt. Das gilt für alle Lernprozesse. Deshalb ist es sehr wichtig, in welcher Gemütsverfassung, d.h. auch in welcher Umgebung und welcher emotionalen Atmosphäre Lernen stattfindet.

Leider wird dieser Umstand in unserm Lehr- und Lernbetrieb nicht immer gebührend berücksichtigt, sonst würden die Schulen nicht so aussehen, wie sie aussehen, und die Kultusbürokratie würde sich mehr um die Motivation der Lehrenden bemühen, anstatt durch ständige Querschüsse die besten Lehrer zu demotivieren.

Wenn wir also ganz allgemein fragen „Was passiert bei einer Psychotherapie?" kann man die Frage so beantworten:
„Ich helfe Ihnen, neue Wege zu gehen, neue Trampelpfade anzulegen! Gehen müssen Sie den Weg dabei selber. Ich zeige Ihnen nur ein paar mögliche Richtungen, versuche zusammen mit Ihnen heraus zu finden, was sie dort erwartet und bin als Leitplanke da, um zu verhindern, dass Sie sich zu sehr verfahren. Aber welche Richtung und welchen Weg Sie schließlich einschlagen, bestimmen Sie, - und nur Sie allein!"

Je häufiger Sie die neuen Wege gehen, sprich: **neue Gedanken als Möglichkeit zulassen**, umso mehr verändert sich ihr Denken, und damit das Fühlen - immer der eigentliche Zweck der ganzen Bemühung - und schließlich das Handeln. Und damit verändert sich wieder verstärkend das Denken und Fühlen

Das Blöde ist nur: die alten Wege, das alte Denken und Fühlen ist immer noch da. Es wird nie hundertprozentig verschwinden. Und vor allem: es taucht sofort wieder dominierend auf, wenn bestimmte „Knöpfe" gedrückt werden, d.h. ganz bestimmte Impulse von außen (Rahmenbedingungen) oder von innen (innere Monologe) kommen.

Das muss man wissen, um dagegensteuern zu können:

„Ach ja, das kenne ich doch, da ist es wieder, das alte Ego."

Aber: ICH entscheide jetzt, welchen Trampelpfad ich gehe: den alten, der schon am Zuwuchern war, oder den neuen, der noch nicht ganz so breit und bequem ist, aber zu neuen Möglichkeiten führt.

Wie schon erwähnt, ist es eine der interessantesten Erkenntnisse der letzten 30 Jahre, dass dieser Prozess im Prinzip nie zu Ende ist, sondern bis zuletzt ein Umbau in unserem Gehirn erfolgt, abhängig vom Gebrauch. Noch bis in die 80er Jahre war man der Meinung, dass dieser Prozess bis zum Ende des Erwachsenwerdens abgeschlossen ist und es dann nur noch um neue „Verschaltungen" geht. Dass es tatsächlich um strukturelle Umbauprozesse geht, ständig also neue Nervenstrukturen (v.a. Synapsen) gebildet oder abgebaut werden, ist relativ neu und hat nicht nur die Neurobiologie sondern auch die Psychotherapie in weiten Teilen revolutioniert.

Lösungen finden im Traum

Es gibt eine Reihe von Beispielen z.B. in der Wissenschaft, wie Menschen berichten, dass sie eine Lösung für ein Problem, das sie aktuell stark beschäftigt hat, im Traum gefunden haben (z.B. habe Kékulé die Ring-Struktur des Benzols aus einem Traumbild entwickelt). Aus neueren neurobiologischen Forschungen weiß man, dass im REM-Schlaf, in dem besonders häufig geträumt wird, der sekundäre visuelle Cortex, in dem bildhafte Inhalte verarbeitet werden besonders aktiv ist, während der dorsolaterale PFC runterreguliert wird. Dieser ist für die Bewertung von Handlungsoptionen zuständig. Er bewertet also, inwieweit eine Handlung oder Schlussfolgerung zielführend ist.

Man kann also sagen: **im Traum wird die Phantasie hochreguliert während die Kontrolle derselben runtergedimmt wird**. Damit werden Wege frei für Lösungsansätze, die bisher im wahrsten Sinne des Wortes nicht im Blick waren.

In der Hypnotherapie (die nichts mit den allseits bekannten „Show-Hypnosen" zu tun hat) wird dieser Effekt in den sogenannten „Trancen" genutzt, um die Ressourcen des ständigen Flusses von unbewusstem Denken anzustossen und zu nutzen.

Im **Anhang 08** finden Sie nicht nur eine spezielle Methode des NLP um das Potential Ihrer Kreativität für Ihre Projekte zu nutzen (die **Disney-Strategie**), sondern dahinter auch einen Exkurs in die **Neurobiolgogie der Kreativität**.

Wie Lernen funktioniert (Neuronale Plastizität)

Das Gehirn reagiert sowohl auf schädigende als auch auf förderliche Einflüsse mit einer großen Anpassungs-Bereitschaft und –Fähigkeit. Es werden dabei ein ganzes Leben lang neue synaptische Verbindungen aufgebaut oder bei Nichtaktivierung wieder abgebaut.

Das hört sich heute trivial an, ist aber wie erwähnt eine der erstaunlichsten und revolutionärsten Erkenntnisse in der Neurobiologie der letzten 30 Jahre!

Allerdings: damit die Einflüsse sowas bewirken können, müssen sie intensiv und lang anhaltend sein. Sporadisches und relativ kurzes Aktivieren von Prozessen bewirkt kein langfristiges Lernen.

Ein Beispiel dafür ist die Behandlung von Schlaganfall-Patienten. Hier erreicht man eine deutliche und dauerhafte Veränderung nur, wenn die Krankengymnastik-Dosis über 6 Stunden pro Tag liegt, der Schwerpunkt auf dem gelähmten Teil liegt und der gesunde Teil auf der anderen Seite gehemmt wird. Dann kann man heutzutage auch strukturelle Veränderungen im Gehirn in den entsprechenden motorischen Arealen nachweisen. (Grawe)

Entscheidend für den Erfolg ist die **eigenmotivierte Mitwirkung des Patienten.**

Das gilt auch und ganz besonders für eine Psychotherapie.
Notwendig ist die Transparenz der angestrebten Ziele und des thera-peutischen Vorgehens und *„die Herstellung eines die Problem-bearbeitung unterstützenden motivationalen Kontext"* (Grawe).
D.h., der Therapeut oder Coach muss zusammen mit dem Patienten /Klienten herausfinden, welche Ziele man gemeinsam ansteuern will.
Das ist manchmal gar nicht so einfach, weil die Ziele von Therapeut und Patient nicht immer notwendigerweise übereinstimmen. Hier ist also Ehrlichkeit gegenüber sich selbst und dem anderen gegenüber gefordert.
Umlernen, sodass es zu strukturellen Veränderungen im Gehirn kommt, geht nicht gegen den Willen oder mit Widerstand des Patienten. Es kann daher nur im bewussten Modus stattfinden.

Eine ebenfalls neue Erkenntnis der letzten 30 Jahren ist die immer größere Gewissheit, dass psychische Störungen ebenfalls mit strukturellen Veränderungen im Gehirn einhergehen, oder strukturelle Variationen von Teilen des Gehirns die Ursache für Störungen sind. Diese Erkenntnis ist ebenfalls revolutionär und widerspricht vielem, was bis in die neunziger Jahre State of the Art war. – Hier bewahrheitet sich immer mehr, dass Psyche und Körper eine Einheit sind. Wir trennen beides methodisch, damit wir uns besser über einzelne Aspekte unterhalten können. Aber wir müssen dabei immer im Hinterkopf behalten, dass beide immer zusammengehören. Das hat dann auch den Vorteil: wir können den Körper durch die Psyche (das Denken) beeinflussen, und umgekehrt die Psyche (Denken und Fühlen) durch den Körper, z.B. über die bewusste Atmung.

Beispiel für Konditionierung (Hebb'sche Plastizität)

Die Hebb'sche Regel lautet: <u>Neurons that fire together wire together</u>. Das heißt: Je häufiger ein Impuls sich einen bestimmten Weg durch das Neuronengewirr sucht, umso stärker wird dieser Weg gebahnt, wie ein Trampelpfad, der immer breiter wird, und umso stabiler werden die Nervenverbindungen, die zusammengehören.

Beispiel:

(1) Ein akustischer Reiz (ein bestimmter Ton) aktiviert z.B. das Neuron A in der Amygdala. (zur Erinnerung: die Amygdala ist das „Blaulicht", unser Alarmgeber). Der Reiz ist aber zu schwach um eine Reaktion der Amygdala auszulösen.

(2) Eines Tages hören Sie den Ton und bekommen gleichzeitig einen elektrischen Schlag. Dieser Reiz aktiviert das Neuron B (Schmerz) und Neuron C (Hand wegziehen)

(3) In der Folge hören Sie den Ton (A) und ziehen reflexartig die Hand zu sich (C).

Das funktioniert auch mit komplexeren Zusammenhängen. z.B. bei einem Überfall im Parkhaus. Dabei wird immer der ganze Kontext konditioniert: Umgebung des Parkhauses, der Geruch, die Geräusche etc. – alles wird mit der Emotion „starke Angst" abgespeichert. Solche Verknüpfungen des Kontextes laufen über den Hippocampus. Zur Erinnerung: Der **Hippocampus** ist darauf spezialisiert, Zusammenhänge in Raum und Zeit zu verarbeiten. Er versorgt die Amygdala in emotionalen Lernsituationen mit Informationen über den jeweiligen Kontext, also die in der jeweiligs entsprechenden Situation herrschenden Aussenbedingung und Sinnes-Wahrnehmungen

Wichtig dabei: **Angstreaktionen können erworben werden ohne jede Beteiligung des Bewusstseins.**

Die Person weiß nicht, wie es dazu kommt, dass sie in bestimmten Situationen mit Angst reagiert, sie weiß nicht, wovor sie Angst hat. Es ist sogar ziemlich wahrscheinlich, dass die Person nicht einmal sagen würde, dass sie Angst hat, denn das wäre ja ein bewusst erlebtes Gefühl. Die Reaktion der Amygdala könnte sich einfach nur in verstärkter Aktivierung des autonomen Nervensystems und einer verstärkten Hormonausschüttung in der Nebennierenrinde zeigen

Starke Angst haben wir vor allem dann, wenn wichtige Ziele bedroht werden, z.B. wenn wir bedroht werden, wenn wir irgendwo zu scheitern drohen, wenn uns ein wichtiger Verlust droht, wenn etwas auf uns zukommt, das wir mit allen Mitteln zu vermeiden trachten.

Da uns die Zusammenhänge meistens nicht bewusst sind, reagieren wir unglücklicherweise häufig sehr irrational:
Anstatt unsere Aufmerksamkeit und alle Kraft unserer bewussten Handlungsfähigkeit darauf zu verwenden, das Unheil abzuwehren oder möglichst gering zu halten (rational das Beste), vermeiden wir es, die Bedrohung voll ins Visier zu nehmen, weil das ganz bewusst das Gefühl starker Angst auslösen würde .

Aber die Neurone in der Amygdala feuern in diesem Fall unabhängig davon , wohin unsere Aufmerksamkeit gerichtet ist .

Die Architektur unseres Gehirns und die Verarbeitung von Information ist hierarchisch aufgebaut. Vom Einfachen zum immer Komplexeren. Im Prinzip sind auf allen Ebenen Interventionen möglich.
Deshalb nachfolgend dazu ein kurzer Exkurs zum Verständnis:

Hierarchische Verarbeitung von Informationen über die Sinne am Beispiel "Sehen"

Lichtstrahlen reizen Sinneszellen in der Netzhaut, diese „feuern" ab einer bestimmten Intensität, d.h. setzen elektrische Impulse frei. Diese werden über den Sehnerv weitergeleitet zur Sehrinde am Hinterkopf und erreichen die ersten Zellen der Verarbeitung. Diese sind spezialisiert z.B. auf waagrechte oder senkrechte Linien, Bögen bestimmter Krümmung etc. – Diese leiten die Information weiter an Zellen, die auf Flächen spezialisiert sind: Quadrate, Rechtecken, Kreise, Elipsen usw. Von dort wird die Information an Zellen weitergeleitet, die sich auf Muster spezialisiert haben, also auf Kugeln, Quader, Elipsoide usw. usw. – am Schluss melden die letzen Zellen, die sich auf die Verarbeitung von Seh-Eindrücken spezialisiert haben an den Erinnerungscortex: das ist ein Gesicht, ein Auto, ein Tisch, kenn ich oder kenn ich nicht, mag ich oder mag ich nicht, etc.

Auf diese Art und Weise werden alle Sinneseindrücke hierarchisch, d.h. vom Einfachen zum immer Komplexeren verarbeitet und weitergeleitet an Zellen, die diese mit Erinnerungen, Emotionen etc. verknüpfen oder, wenn noch nicht bekannt, in den Erinnerungscortex einspeichern.

Multimodal bedeutet dann: mehrere Sinne (Sehen, Riechen, Hören usw.) werden auf Zellen „geschaltet", die sich auf die Verknüpfung von verschiedenen Sinnen spezialisiert haben.
Vielleicht haben Sie auch schon mal erlebt, dass Sie bei einer bestimmten Musik immer wieder an bestimmte Farben, Formen etc. denken. Oder: Sehr häufig tauchen bei einem bestimmten Geruch Bilder (also visuelle Eindrücke!) aus Ihrer Kindheit oder einer ganz bestimmten Situation (z.B. Urlaub) mit den entsprechenden Gefühlen auf. – Diesen Effekt kann man nutzen und z.B. ein entsprechendes Riechfläschchen in seinen emotionalen Notfall-Koffer packen.

Von der Motivation zur Handlung

Beispiel: Sie sind auf der Kirmes und wollen Ihre Freundin beeindrucken. Sie treten an die Schießbude, zahlen und nehmen das Luftgewehr in den Anschlag. Sie zielen auf die rote Rose. Kurz bevor sie den Hebel durchziehen und noch bevor sie den Knall und das zerstobene Porzellan wahrnehmen, erfolgt in Ihrem Gehirn die größte Dopaminausschüttung. Das geschieht in einem Bruchteil einer Sekunde, bevor es Ihr Bewusstsein im Großhirn (genauer: im PFC) mitbekommt.

Sie haben soeben einen komplexen Vorgang abgeschlossen:

- Ein Ziel, das der PFC ausgesucht hat, haben Sie in den Arbeitsspeicher geladen (der ebenfalls im PFC lokalisiert ist), dadurch wurde eine selektive Aufmerksamkeit und eine besondere Qualität von Bewusstsein erreicht.
- Dadurch haben Sie Ihre Sinnesorgane (Augen, Ohren, Drucksensoren in den Fingern) für die Erreichung des Zieles geschärft.
- Andere Ziele und sensorische Impulse (Sichtfeld, andere Geräusche, Magenknurren etc.) wurden gehemmt (ebenfalls eine Funktion des PFC)
- Ihr motorisches System arbeitet zielgenau auf den Absch(l)uss hin: das Kleinhirn sorgt für den sicheren Stand und das Gleichgewicht, der motorische Teil im Großhirn, der die Finger repräsentiert, sorgt dafür, dass sich ihr Zeigefinger genau in dem Moment krümmt, in dem die Rose in Ihrem visuellen Teil des Großhirns auftaucht.
- Nach dem Schuss wird die Erfahrung zusammen mit einer entsprechenden Emotion im Assoziations-Cortex abgespeichert.

Ach ja: Das Ganze funktioniert natürlich nur, wenn Ihr PFC auch die Informationen, wie eine Rose aussieht aus dem "Erinnerungs-Cortex" bekommt und aus Ihrem Zwischenhirn (genauer: den Basalganglien) das entsprechende automatisierte Programm für den Abschuss abgerufen wird. Hierzu muss "Erfahrung" vorliegen. D.h. der Vorgang muss mehrfach abgelaufen und in der Erinnerung abgespeichert sein, verknüpft mit der entsprechenden Dopamin-Ausschüttung bei Erfolg – und hier schließt sich der Kreis.

Misserfolge werden hingegen ohne Dopamin-Ausschüttung abgespeichert, und wenn's gut läuft, wird der Ablauf nächstes Mal solange korrigiert, bis dem PFC ein Erfolg (mit Dopaminausschüttung als Verstärker der Abspeicherung) gemeldet wird.

Zusammenfassend:

- **Motivations-Phase**: Der PFC sucht anhand von Wünschen und Befürchtungen ein Ziel aus
- **Intentions-Phase** („vom Wählen zum Wollen"): Das Abwägen endet mit der
- **Planungs-Phase:** Mit Hilfe der Erinnerung wird geplant, wie das Ziel am besten erreicht werden kann. Dann kommt die
- **Handlungs-Initiierung:** Der PFC sucht aus dem "Werkzeugkasten" der abgespeicherten Handlungsmuster das beste heraus und hemmt die anderen Handlungsmöglichkeiten (Aktivierung+Hemmung = allgemeines Prinzip)
- die **endgültige Ausführung der Handlung:** wird durch ein entsprechendes Signal an den motorischen Cortex ausgelöst

Merke: Es werden immer mehrere Ziele gleichzeitig aktiviert! Die, die momentan den Arbeitsspeicher nicht erobern können, werden unbewusst weiter verfolgt, bis sie vielleicht doch noch in den Arbeitsspeicher gelangen, also bewusst werden. Bis dahin laufen jedoch ganz viele Prozesse unbewusst ab, die den Erfolg der Zielerreichung beeinflussen, oder auch dazu führen, dass diese Ziele schließlich aufgegeben werden.

"Das bedeutet, dass das, was gerade bewusst reflektiert, entschieden, geplant und ausgeführt wird, immer von noch weiter oben in der Hierarchie angesiedelten Zielen bestimmt wird, und diese Ziele sind dem Handelnden in der Regel nicht bewusst.
Unser subjektiv erlebtes Bewusstsein oder so etwas wie ein bewusstes, handelndes ICH sind nicht die obersten Kontrollinstanzen der psychischen Aktivität. *Welche Teile der psychischen Aktivität im bewussten Kontrollmodus ablaufen, wird nicht von diesem selbst bestimmt, sondern ist das Ergebnis von jeweils vorangegangenen komplexen Bewertungsprozessen, die ihrerseits ohne Bewusstsein ablaufen."* (Grawe)

Warum ist "Multitasking" nicht möglich?

Unser Arbeitsgedächtnis ist quasi der Flaschenhals, die knappste Ressource im Gehirn. Wenn mehrere Ziele darum konkurrieren, dann kann immer nur eines gleichzeitig verfolgt werden.

Sie können zwar ein Buch lesen und gleichzeitig auf dem Kardiotrainer strampeln, Sie können aber nicht die rechte und linke Seite eines Buches gleichzeitig lesen. Im ersten Fall wird der Arbeitsspeicher nur durch das Lesen (und Verstehen des Inhalts) beansprucht, während das Strampeln als kleines Programm im Zwischenhirn abgespeichert ist und automatisch mitläuft. Im zweiten Fall geht das nicht, Sie würden den Arbeitsspeicher sofort überfordern.

Was geht: Sie können hin und her springen und damit den Inhalt des Arbeitsspeichers ständig wechseln. Sie werden dann halt langsamer und machen mehr Fehler!

Beliebtes Verhalten unter dem Label „Multitasking":
Ständig eingehende Mails checken, sich immer wieder durch Telefonate von der eigentlichen Arbeit abhalten lassen, ständig zwischen verschiedenen Aufgaben wechseln, ohne sie nacheinander richtig zu erledigen etc. – kommt Ihnen da etwas bekannt vor?

Wie am Anfang schon erwähnt, „sitzt" im Stirn- oder Frontal-Hirn nicht nur der wichtigste Teil unseres Bewusstseins, sondern hier spielt sich das vorausschauende Planen, Durchspielen und Koordinieren einer Handlung ab. Diese Fähigkeit ist wahrscheinlich der entscheidende evolutionäre Vorteil für den enormen Erfolg des Homo sapiens.

(Ein Erfolg, der z.Zt. immer mehr seine Schattenseiten zeigt und ein Prozess, der bei den meisten Individuen unserer Spezies weitgehend an seine Grenzen gestoßen ist.)

Darum ist es interessant, folgender Frage nachzugehen:

Was passiert, wenn das Frontalhirn geschädigt ist?

Während das sonstige Gedächtnis unbeeinträchtigt ist, ist **das prospektive Gedächtnis, also das Gedächtnis für das, was man sich vornimmt, für die Absichten und Pläne**, massiv beeinträchtigt.

Es fällt Ihnen z.B schwer, flexibel zwischen verschiedenen Strategien und Taktiken zu wechseln, wie es in der Planungsphase wichtig wäre. Es fällt Ihnen schwer, die Aufmerksamkeit auf das ausgewählte Ziel zu fokussieren, Sie lassen sich leicht durch Reize von außen ablenken, anstatt bei der Sache zu bleiben, wie es für die Zielerreichung erforderlich ist. PFC-Patienten sind oft konfus, sie lassen wichtige Teile einer Handlungsfolge fort, ihr Handeln wirkt unüberlegt und ungeplant. Intention und Verhalten stimmt bei ihnen oft nicht überein; sie wissen eigentlich, was sie tun sollten, aber unterlassen es oder tun stattdessen etwas anderes.

Teilweise beobachtet man solches Verhalten auch, wenn diese "Frontalhirn-Funktionen" in der Kindheit nicht geübt werden oder diese Funktion durch eine psychische Erkrankung (z.B. eine Depression oder eine Angsterkrankung) gestört ist.

Oder andersherum: Wenn die Frontalhirnfunktionen, die man auch als "Willenskraft" bezeichnen kann, in der Kindheit geübt werden, sind die

Erwachsenen deutlich erfolgreicher, gesünder, verdienen mehr Geld etc. - Bei einer psychischen Erkrankung diese Funktion zu stärken kann hilfreich sein, ist aber oft schwierig.

Ein Tipp:
*Googeln Sie **"Marshmallow-Test"** und die daraus folgenden Studien*

Change it - leave it - or love it
Problemlösung statt Schuldzuweisung

Das anfangs beschriebene Beispiel trifft auch – und ganz besonders – auf wichtigere Ziele (Motive) als dem Treffer an der Schießbude zu, v.a. wenn sie mit unseren wichtigsten Werten und Glaubenssätzen verknüpft sind. Fehlt hier über längere Zeit die "Dopamindusche", bedeutet das, dass Sie häufiger Misserfolge erleben.
Oder neurobiologisch: wichtige Ziele wurden nicht erreicht.
Aus Frust wird dann häufig Krankheit. Zum Beispiel eine Depression oder aber Aggressionen, gegen andere, aber auch ganz häufig gegen sich selbst.

Und auch hier lautet die Devise:
Löse das Problem und nicht die Schuldfrage!

Hierzu sind unter anderem drei unterschiedliche Wege möglich:

1) Change it: („Verändere es")
Vielleicht waren es nicht die richtigen Ziele.
Oder: das Ziel war nicht "scharf" genug eingestellt
(mit zu wenig Energie verfolgt).
Oder: die Wahrnehmung und Beurteilung der Umweltbedingungen (extern und/oder intern) und eigenen Fähigkeiten muss überdacht werden. Erst dann kann vielleicht ein neues Ziel ins Visier genommen

werden, bei dem der Abgleich zwischen internen Motiven und externen Umweltbedingungen besser gelingt. (Das, was ich im Kap.2 mit dem Begriff KONGRUENZ beschrieben habe)

2) **Leave it:** („Verlasse es")
Auch hier waren es wahrscheinlich die falschen Ziele, die zuwenig mit den internen Motiven korrelierten. Oder: Umweltbedingungen und eigene Fähigkeiten wurden bisher falsch eingeschätzt. Das Ziel aus dem Visier nehmen und andere, lohnendere Ziele suchen ist dann die richtige Maßnahme.

3) **or Love it:** („Lerne es zu lieben")
– oder wenigstens zu akzeptieren
Die Ziele waren schon richtig, aber sie wurden nicht "scharf" gestellt, bzw. die Umweltbedingungen wurden falsch eingeschätzt. Hier ist es die ZIELEHIERARCHIE, die überdacht werden muss. Andere Prioritäten führen vielleicht zu einer befriedigenderen Lösung.

Beispiel:
Erwin (55J.) ist Oberarzt in einer chirurgischen Klinik. Er ist frustriert, weil er beim letzten Chefarztwechsel übergangen wurde und gar nicht gefragt wurde, ob er neuer Chefarzt werden will. - Er ist so gekränkt, dass er nachts nicht mehr schlafen kann und ständig Magenschmerzen hat. - Mögliche Optionen:

Change it:
Er könnte mehr Ehrgeiz zeigen, nebenher Studien machen, das Beziehungsnetzwerk besser pflegen und ausbauen, sich selber ins Gespräch bringen.

Leave ist:
Er könnte die Klinik wechseln, sich auf einen Chefarztposten 200km weiter entfernt bewerben.

Love it:
Schließlich stellt er fest, dass er eigentlich viel zu gerne im OP steht um stattdessen seine kostbare Lebenszeit mit Verwaltungskram zu verbringen. Außerdem genießt er die Anerkennung im Team und bei den Pflegekräften. Im zweiten Fall müsste er zu viele private Kontakte kappen und ein Umzug wäre eine erhebliche Belastung für die Familie. – Seitdem er das alles reflektiert hat, geht es ihm deutlich besser und er ist wesentlich zufriedener.

Krise als Chance

Im chinesischen setzt sich das Zeichen für „Krise" zusammen aus dem Zeichen für „Gefahr" und dem Zeichen für „Gelegenheit".
Eine Krise ist also auch immer die Gelegenheit, innezuhalten und das bisherige Leben zu reflektieren, das nun mal genau so verlaufen ist, wie es verlaufen ist, also ein Weg, und darüber nachzudenken, welche Gelegenheiten sich vom Gegenwartszeitpunkt aus ergeben, um dem Leben eine Wendung zu geben, die mehr Befriedigung meiner Bedürfnisse verspricht, als der bisherige Weg. Dabei stelle ich im besten Falle fest, dass mir viele Wege in die Zukunft offen stehen.

Es lohnt sich, beide Aspekte der Krise gleichwertig und v.a. ehrlich (sich selbst gegenüber) anzuschauen. Wir werden im nächsten Kapitel sehen, wie sehr dabei unsere Glaubenssätze und Werte-hierarchien eine entscheidende Rolle spielen, welche Ziele und Bedürfnisse wir tatsächlich verfolgen (wollen).

Ein Beispiel: **Rauswurf als Chance für eine Neuorientierung.**
Hans ist Malermeister und hat sich in den letzten 30 Jahren in einem großen Betrieb, der in ganz Deutschland Malerbedarf vertreibt, bis zum Prokurist und Betriebsleiter hochgearbeitet. Im Verlauf der Zeit sind immer mehr Aufgaben dazugekommen. Zusätzliche Mitarbeiter wurden ihm von den beiden Inhabern nicht genehmigt. Er musste sogar einige Aufgaben seiner Sekretärin zeitweise mitmachen, weil auch diese die anfallende Arbeit nicht mehr alleine bewältigen konnte. Er ist bei allen Mitarbeitern beliebt und zeichnet sich nicht nur durch große Fachkenntnisse, sondern auch durch ein übergroßes Arbeitsethos aus. Er war noch nie einen Tag krank und Überstunden waren noch nie ein Thema. Nur die Familie leidet seit einigen Jahren immer mehr darunter, dass er immer weniger daheim ist. Und wenn er daheim ist, braucht er deutlich mehr Ruhe als früher. Er nimmt mittlerweile Blutdrucktabletten, seit neuestem auch ein Antidepressivum, wird zunehmend fahriger und macht auch mehr Fehler. Deshalb haben ihn die beiden Chefs vor kurzem erst freigestellt und ihm zwei Wochen später gekündigt. Er ist wie vor den Kopf geschlagen, die Stimme zittert, man hat das Gefühl, er steht bei seinen Schilderungen immer kurz vor einem Weinkrampf. Dreißig Jahre hat er der Firma treu gedient und jetzt setzen sie ihn Knall auf Fall vor die Tür. Obwohl sein Anwalt ihm versichert, dass das so nicht geht, löst diese Kränkung massive Existenzängste bei ihm aus. Ihm ist ständig schlecht, er möchte sich am liebsten unter seine Bettdecke verkriechen und niemanden sehen. Erst auf mehrfaches Zureden nimmt er den Rat seiner Frau an und sucht einen Psychotherapeuten auf.
Ich stelle sehr schnell eine ausgeprägt altruistische Persönlichkeitsstruktur fest. Jemand, der es immer allen recht machen wollte, bei dem Pflichterfüllung, aber auch Hilfsbereitschaft und das Gefühl, beliebt und geachtet zu sein an oberster Stelle steht. Er hat immer versucht, Konflikte diplomatisch zu lösen und dabei häufig zurückgesteckt. Jetzt ist der Zeitpunkt gekommen, an dem diese Krise eine Neuorientierung erforderlich – aber auch möglich macht.

Ich frage ihn als Erstes, warum er nicht wütend ist?
Sein Vater konnte seine Wut nicht beherrschen. Er hat oft rumge-
schrien und manchmal sogar Frau und Kinder verprügelt.
Er wollte nie so werden, wie sein Vater.
Ich sage ihm, dass ich seine Ohnmacht, Angst und Panik verstehe, er aber
versuchen soll, auf die Ebene der Logik und des Denkens zu kommen.
Ich nehme ein Blatt Papier, teile es in zwei Hälften und schreibe in die eine
Spalte: *und in die andere Spalte:*

Gefahr (was macht Ihnen Angst?)	Gelegenheit/Chance (zur Veränderung)

Vor was haben Sie am meisten Angst, was wäre das worst-case-szenario? –
Eigentlich weis ich das gar nicht so genau. Das Gefühl, versagt zu
haben lähmt mich derart. – *Finanziell?* – Bin ich eigentlich gut
aufgestellt. Mein Rechtsanwalt sagt, ich müsste eine gute Abfindung
bekommen. – *Gesundheitlich?* – Hoher Blutdruck, Schwindel, ansonsten eigentlich keine großen Probleme. Ich musste ja die letzten 30
Jahre nicht so schwer körperlich arbeiten, wie meine Kollegen.

Dann kommt die entscheidende Frage: Was würden Sie gerne tun?
Mich selbständig machen!
Was würde sich dann vor allem ändern?
Ich hätte keine Chefs mehr, die mir sagen, was ich falsch mache.
Was bräuchten Sie dazu?
Ein Auto – habe ich. Material – habe ich. Startkapital – habe ich.
Wann sagen Sie Ihrer Frau, dass Sie sich selbständig machen werden?

Zielehierarchien und Regeln

Stellen Sie sich vor, Sie laufen durch Ihr Büro:
Auf dem Tisch liegt die ungeöffnete Post. In einem Korb stapeln sich Dokumente, die durchgesehen, sortiert und abgelegt werden sollten. In einem Regal häufen sich Zeitschriften, die auf Durchsicht warten. Im PC müssen Mails abgerufen und evtl. beantwortet werden, und die Steuer sollte bis Monatsende, wenn die Frist abläuft, auch noch gemacht werden. Ihre Frau hat morgen Geburtstag und der Sohn nächste Woche Abiball, und Sie haben noch kein Geschenk. Heute abend ist Fraktionssitzung und der Musikverein erwartet in zwei Wochen einen launigen Beitrag zu seinem 25jährigen Bestehen von seinem ersten Vorsitzenden.
Ein ganz normaler Tagesbeginn.
- Sie machen sich erst einmal einen Kaffee.

Die Zahl der Aufgaben, die uns jeden Tag auffordern "erledige mich" ist riesig. Wenn wir alles gleichzeit ins Visier nehmen wollten, entstünde Chaos oder Verzweiflung und Lähmung in unserem Gehirn. Es muss also eine Instanz bzw. Struktur geben, die aus den schier unendlichen Zielen eines nach dem andern auswählt und die Ziele in eine Reihenfolge bringt. Meist anhand der Kriterien "Dringlichkeit" und "Wichtigkeit". Vielleicht aber auch anhand von Motiven, die Ihnen völlig unbewusst sind, wie z.B. aktueller Blutzucker oder den sogenannten "Schmetterlingen im Bauch".

Der PFC als Experte für Regeln

Regeln müssen über längere Zeit im Gehirn aktiviert bleiben, auch dann, wenn eine Ablenkung dazwischenkommt oder zwischendurch andere Ziele und damit auch anderes Verhalten erforderlich ist. Sie allein reichen aber nicht aus, damit Ziele umgesetzt werden. Dafür braucht es auch ein Wissen darüber, welche Bedingung vorliegen müssen, damit über die Einhaltung der Regeln das Ziel erreicht wird, und ob diese Bedingung (intern und extern, also Signale aus dem Körper und über die Sinne aus der Umwelt) vorliegen.

Geregelt wird dieser Prozess über den Neurotransmitter (Botenstoff) Dopamin, der v.a. im Zwischenhirn gebildet wird und über spezielle Nervenbahnen in den PFC projiziert wird. Die dopaminbildenden Nervenzellen feuern v.a. dann, wenn ein Verhalten angenehme Konsequenzen hat, die überraschend auftreten.

Entscheidend sind also die Kriterien:

positiv/angenehm + überraschend.

Es spricht viel dafür, dass diese Instanz in der Struktur des PFC verortet ist. Die Ziele müssen der Situation angepasst "top down" das Verhalten bestimmen. Dazu muss die Struktur wissen, welches Verhalten unter welchen Bedingungen welche Wirkung erzielt. Sie muss also wissen, nach welchen Regeln unser Verhalten zum Ziel führt. Und genau über diese "Regelwissen" scheint der PFC zu verfügen.

Tiere haben es hier etwas einfacher. Ein Tier verfügt über Instinkte. Das heißt, über mehr oder weniger starre Verhaltensmuster, die immer gleich ablaufen, wenn ein innerer Zustand (z.B. Hunger) und die Umgebungsbedingungen in einem bestimmten Verhältnis zueinander stehen. Relativ gut definierten Zielen stehen nur wenige klar festgelegte Verhaltensmuster gegenüber, die zum Ziel führen. Man kann das auch gut anhand der Repräsentation dieser Instanz im Großhirn belegen. Während der PFC beim Menschen 29% der Großhirnmasse einnimmt, sind es beim Hund 6,9%, bei der Katze 3,4% und beim Schimpansen immerhin 17%. Das heißt, fast ein Drittel unseres Großhirns (Neocortex = "neues" oder junges Gehirn) beschäftigt sich damit, Ziele zu bewerten und in eine Reihenfolge zu bringen, in der sie angestrebt werden sollen. Hierzu erhält der PFC stark vorverarbeitete Informationen über unseren inneren Zustand und die äußere Welt. Die Nervenzellen (Neurone) in diesem Bereich sprechen nicht direkt auf die Eingangssignale der fünf Sinne an (Sehen, Hören, Fühlen, Riechen, Schmecken), sondern erst, wenn mehrere Sinnesmodalitäten das Neuron gleichzeitig stimulieren. Sie sind also spezialisiert auf "multimodale Verarbeitung".

Wie nicht anders zu erwarten, laufen diese Prozesse völlig unbewusst (implizit) ab, bevor sie eventuell in den Arbeitsspeicher geladen werden, und damit unser Bewusstsein (explizit) erreichen. Eventuell deshalb, weil die Entscheidung zur Handlung um das Ziel zu erreichen zum größten Teil unbewusst abläuft. Wir reflektieren häufig erst im Nachhinein, ob die Entscheidung, die Aufgaben in dieser Reihenfolge zu erledigen sinnvoll war oder nicht. Viele Entscheidungen nennen wir dann "aus dem Bauch heraus", aber in Wirklichkeit hat sie unser PFC getroffen.

Damit kommen wir zu der wichtigen Frage

Was ist Bewusstsein?

Unser Arbeitsgedächtnis ist, wie schon mehrfach erwähnt, im Präfrontalen Cortex (PFC) oder dem Stirnhirn lokalisiert (da wo Sie drauf schlagen, wenn Ihnen gerade was wieder einfällt).

Es besteht grob gesagt aus einem visuell-räumlichen Kurzzeitspeicher, einem phonologischen Kurzzeitspeicher (der was mit Geräuschen, Stimmen u.ä. zu tun hat) und einem zentralen, dem eigentlich verarbeitenden Teil, der selbst wieder in Modulen organisiert ist und Zugriff hat auf

- den übrigen Assoziationscortex, also den Teil des Großhirns, in dem unsere ganzen Erinnerungen abgespeichert sind.
- vorverarbeitete Sinnesinformationen, wenn der Input über die Sinne (Sehen, Hören, Fühlen etc.) lang genug und heftig genug erfolgt ist
- das episodische und semantische Gedächtnis, also die Erinnerung an vorherige Ereignisse und die Interpretation derselben, einschließlich der damit verbundenen Gefühle

92

- auf die Systeme, die an der Handlungssteuerung beteiligt sind oder waren
- und der internen Steuerung der Aufmerksamkeit über den anterioren Cingulären Cortex (ACC), einem Teil des Großhirns, der unterhalb des PFC liegt und sehr eng mit ihm zusammenarbeitet (der „Entscheider")

Der Inhalt des Arbeitsspeichers wird auch als **"Strom des Bewusstseins"** bezeichnet, (siehe ICH und SELBST) - dieser enthält

- eine Vorstellung von einem bewussten Handeln
- Wahrnehmungen (intern und extern), Gedanken, Vorstellungen. - also alles das, was wir als "Denken" bezeichnen
- Empfindungen, Gefühle und Erinnerungen, die nichts mit dem aktuellen Handeln zu tun haben
- eine Vorstellung, was "in den Strom passt", also von Kontinuität und Konsistenz; d.h., <u>was nicht zum aktuellen Inhalt passt, wird nicht aufgenommen</u>. Man nennt es auch Vermeidung von **"kognitiven Dissonanzen"**

Unser Gehirn verarbeitet bewusst also nur das, was zusammenpasst und erzeugt ein extremes Gefühl von Unwohlsein, wenn die Dinge "sich beißen". Es ist also sehr stark auf innere Harmonie bedacht. Zur Erinnerung: Disharmonien, Konflikte, Probleme kosten Energie, und unser Gehirn ist ein Energiesparer – und ein Erfahrungsgenerator: in Jahrmillionen entwickelt, um uns zu befähigen, uns in einer ständig sich ändernden Umwelt zurechtzufinden. Es generiert dabei nicht nur einen Strom des Bewusstseins, sondern ständig unsere ganz individuelle Wirklichkeit. Dabei greift es auf vorbewusste Prozesse zu, die zum allergrößten Teil aus bis dahin abgelaufenen Verarbeitungen von eingehenden Signalen, abgerufenen Erinnerungen und internen Signalen zur Regulation des Körpers (z.B. Drüsen, Muskeln etc.) bestehen, die komplett unbewusst ablaufen.

Was mich immer wieder fasziniert: Ca. 2.5 Millionen Fasern gehen ins Gehirn rein (Input über die Sinnesorgane und Wahrnehmung aus dem eigenen Körper) – und ca. 1.5 Millionen Fasern gehen raus (Output als Motorik, Drüsen-Aktivitäten etc.)

Für jeden Impuls, der ins Gehirn über die Sinne reingeht oder für die Regulation des Körpers an die entsprechenden Organe geschickt wird, gehen gleichzeitig 5 Millionen Impulse im Gehirn (genauer: im assoziativen Cortex) hin und her.

In der Sprache der Informatik: ca. 150 Megabyte "Außenverdrahtung" stehen ca. 750 Terabyte "Binnenverdrahtung" gegenüber. Man kann auch sagen: unser Gehirn beschäftigt sich in erster Linie und in überwältigendem Maße mit sich selber. Oder: jeder hat seine eigene Welt im Kopf. Natürlich nach Gesetzmäßigkeiten, die im Prinzip bei allen gleich sind, aber in der "Feinjustierung" bei jedem von uns individuell und anders. Manche Neurobiologen sehen diese extreme Binnenvernetzung als die entscheidende Grundlage für das Phänomen "Bewusstsein".

"Die meisten Dinge, mit denen der Mensch die Welt verändert hat, wurden zunächst als interne Zustände von Gehirnen erzeugt. Es war ein genialer Schritt der Evolution, solche Gehirnzustände für den Betreffenden in Form von Gedanken und Vorstellungen erlebbar und über das Sprachsystem kommunizierbar zu machen. Das erleichtert erheblich ihre Umsetzung in die Realität, die wiederum in vielen Fällen die Fitness im evolutionsbiologischen Sinn erhöht hat. Dass wir diese Fähigkeiten auch für Dinge verwenden können, die

uns evolutionsbiologisch keinen erkennbaren Vorteil verschaffen, wie bestimmte künstlerische Tätigkeiten, oder die für die Entwicklung der Menschheit sogar ein großes Risiko bedeuten, wie der Bau von Wasserstoffbomben, ist gewissermaßen ein evolutionäres Neben-produkt." (Grawe)

Unser bewusstes Erleben, das für uns so real ist wie nichts anderes, ist also ein Produkt vieler vorbewusster Prozesse, die unser Denken, Fühlen und Handeln bestimmen. Es gilt als sicher, dass unser Erleben erst ca. 300 Millisekunden (1/3 Sekunde) später bewusst wird, nachdem der Reiz aufgetreten ist und bewertet wurde. Dabei ist entscheidend, wie neu und wie wichtig er für uns ist. Erst dann beginnt ein vertiefter Verarbeitungsprozess.

Was wir denken, entscheiden und tun, wird nicht von unseren bewussten Prozessen bestimmt, sondern von Prozessen, die zuvor ohne Bewusstsein abgelaufen sind. "Subjektive Wirklichkeit" wird dadurch erheblich relativiert!

Wenn aktuell kein neuer Reiz auftritt, greift unser Gehirn auf die verschiedenen Gedächtnisspeicher zurück oder aktiviert ein Verhal-ten, das wir als "Neugier" erleben, und generiert so Inhalte des Bewusstseins.

Wir können also nicht nichts Denken. Der Strom des Bewusstseins reißt im Normalfall erst ab, wenn wir schlafen oder tatsächlich "bewusstlos" sind. Das Ganze ist ein Prozess, bei dem tieferliegende, grundsätzliche Motive (Glaubenssätze, Wertesysteme) einen kontinuierlichen Einfluss haben. Und was garnicht zu den genannten Inhalten passt, wird nicht in den Arbeitsspeicher und somit ins Bewusstsein aufgenommen, um zu vermeiden, dass es zu den erwähnten kognitiven Dissonanzen kommt.

Der "Strom des Bewusstseins" ist also auf der Zeitachse durch **Kontinuität** und im Zusammenhang durch **Konsistenz** bestimmt. Das heißt: Was als Nächstes dran kommt, muss irgendwas mit dem zu tun haben, was vorher dran war, und es muss zum Vorherigen passen, sonst wird es nicht bewusst oder löst ein extrem unangenehmes Gefühl aus und wird "ausgeblendet". Gleichzeitig ist unser Aufmerksamkeitssystem ständig aktiv und versorgt den Arbeitsspeicher mit Inhalten, die von außen kommen oder über den Assoziationscortex (s.o.) generiert werden. Inhalte, die sich prinzipiell ausschließen, also die kognitive Dissonanzen, werden vom Gehirn verhindert, wo immer es geht.

Welche Gesetzmäßigkeiten diese interne Generierung von Bewusstseinsinhalten bestimmen, ist eine hochinteressante, aber noch kaum untersuchte Frage. Einen Teil davon erleben wir als willentlich gesteuert, aber wir haben auch „spontane" Einfälle, die für uns selbst überraschend kommen. Auch hier spielen unbewusste Motive eine entscheidende Rolle. Da wir von diesen unbewussten Prozessen nichts mitbekommen, halten wir unser bewusstes Denken, dessen wir uns ganz gewiss sind, für die entscheidenden Verursacher unserer Gedanken, und wir überschätzen dabei gerne den angeblich "freien Willen".

> Im **Anhang 08** werden im Exkurs über die Neurobiologie der Kreativität drei Netzwerke verschiedener Gehirnareale beschrieben, die bei den vorbeschriebenen Vorgängen eine Rolle spielen. Diese Erkenntnisse sind relativ neu.

Der freie Wille

Benjamin Libet hat 1978 in sehr aufwendigen Versuchen untersucht, wie eine Entscheidung im Gehirn gemessen werden kann und welcher Zusammenhang zwischen Entschluss und Ausführung der entsprechenden Handlung besteht. Er hat herausgefunden, dass das subjektive Bewusstwerden des Entschlusses ca. 150-1025 Millisekunden später erlebt wird als der entsprechende Impuls, der im Gehirn gemessen wird. Das heißt: wenn ich den Arm hebe, hat mein

Gehirn schon eine gewisse Zeit vorher entschieden, dass ich das tue, bevor mir bewusst wird, dass ich das überhaupt will. Das heißt: unsere Handlungen werden durch Prozesse vorbereitet, auf die wir keine bewusste Kontrolle haben.

Nun leiten manche Autoren daraus ab, dass es den freien Willen offensichtlich gar nicht gibt. Das kann man aber auch anders sehen. Da diese unbewussten Prozesse genauso zu mir, zu meiner Persönlichkeit gehören, wie mein bewusstes Erleben, bin es immer noch ICH, der die Entscheidung trifft. Persönlichkeit besteht damit aus unbewussten und bewussten Anteilen, und beide gehören untrennbar zusammen und machen erst die Persönlichkeit aus. Das gilt auch für meine Wahrnehmungen, Emotionen etc. Insbesondere, da die unbewussten Prozesse letztendlich von meinen höchsten Werten und Motiven geleitet werden. Wenn ich sie als "konsistent" erlebe, also als "zu mir passend", kann ich auch voll dazu stehen und bin dafür verantwortlich. Und genau das macht ein gesundes Seelen-leben aus.

Welche Vorteile hat diese unbewusste Vorbereitung einer Handlung oder eines Denkprozesses?

Der größte Vorteil ist die Unabhängigkeit vom Arbeitsspeicher, der wie erwähnt "der Flaschenhals" in unserem ganzen Denken und Erleben ist. Es können im Prinzip viele Prozesse gleichzeitig ablaufen, ohne sich gegenseitig zu behindern oder auszuschließen. Und sie laufen in der Regel schnell und mühelos ab. Sie haben auch eine geringere Fehleranfälligkeit (denken Sie an das "Multitasking") und sie brauchen keine Aufmerksamkeit und Bewusstheit. Beides kann sogar den Ablauf beeinträchtigen.

Und was sind die Nachteile?

Sie sind meistens an eine bestimmte Sinnesmodalität gebunden (Hören, Sehen, Riechen, Fühlen etc.), im Gegensatz zu bewusst abgespeicherten, sogenannten "semantischen" Gedächtnisinhalten. Dabei werden im aller Regel mehrere Sinne aktiviert und multimodal als "Gesamtkunstwerk" abgespeichert und wieder erinnert.

Unbewusste Prozesse können auch nur schlecht oder meistens gar nicht willentlich kontrolliert werden, sondern laufen ohne willentliche Kontrolle ab. Sie werden auch langsamer gelernt und brauchen mehrere Wiederholungen und Lern-Schleifen, während bewusst gelernte Inhalte oft nach einem Durchgang "hängen bleiben".
Sie sind deshalb auch nur schwer veränderbar, wenn sie erst einmal eingespielt und abgespeichert sind (siehe „Glaubenssätze"). Und wenn davon überhaupt etwas bewusst wird, dann meist nur grob und unscharf. Sie können daher auch nicht im Detail sprachlich berichtet werden, weshalb man sie früher als "nicht-deklarative Prozesse" bezeichnet hat.

Das hat für die Psychotherapie große Konsequenzen. Man kann die unbewussten Prozesse nur begrenzt bewusst machen, man kann sie nicht "löschen", sondern nur neue Wege suchen, die mit der Zeit stärker werden und die ursprünglichen Muster ersetzen, ohne dass die alten Muster wirklich verschwinden (siehe "Trampelpfade des Geistes"). Und da die alten Muster viel stärker im Gehirn verankert sind, als die bewusst erarbeiteten, können sie sehr schnell wieder reaktiviert werden. Daher ist es oft so schwer, "sich zu verändern".

*„Wenn wir etwas **wirklich verstanden** haben, ist das etwas anderes, als es nur zu wissen - es berührt die emotionalen Bereiche im Gehirn, es dringt in unser Sein."* (Gerald Hüther)

Schlussfolgerungen für die Psychotherapie bzw. Veränderungsarbeit:

Wenn ich Neues lernen will, oder alte Muster verändern will, dann ist es fast immer notwendig, es im bewussten Modus zu tun.

Die wichtigste Funktion des Bewusstseins liegt wahrscheinlich sogar darin, Neulernen zu fördern und manchmal erst zu ermöglichen.

Ich kann zwar auch unbewusst neue Erfahrungen machen, aber diese bleiben dann auf die konkrete Situation bezogen, lassen sich also viel schlechter generalisieren. Sie erfordern sehr viele Wiederholungen, um wirklich einen Veränderungs-Effekt zu erzielen. Die Abläufe im unbewussten Modus sind meistens sehr gut eingespielt. Man müsste sie massiv unterbrechen und hemmen, v.a. wenn es sich um problematische Abläufe handelt. D.h. man muss sich praktisch immer mit dem Patienten verständigen und wäre dann ja automatisch beim bewussten Modus, in dem dann viele Wiederholungen erfolgen müssten, um konkrete neue Erfahrungen zu machen, die dann an die Stelle der alten Muster treten.

Und damit wären wir beim Grundprinzip der
Kognitiven Verhaltenstherapie (KVT).

Dabei werden neue "Trampelpfade" erzeugt, die mit zunehmender Bahnung immer besser automatisiert werden und damit immer weniger Kapazität im Arbeitsgedächtnis einnehmen. Das erklärt, warum dann zunehmend andere Hirnbereiche als das Arbeitsgedächtnis bei der Abspeicherung der neuen Muster beteiligt sind und damit schließlich weitgehend unbewusst ablaufen. **"Glaubenssätze"** sind ein typisches Beispiel dafür (siehe dort).

„Tatsächlich zeigen bildgebende Verfahren, dass beim Neulernen komplizierter kognitiver oder motorischer Aufgaben größere Areale des assoziativen Cortex eine erhöhte Aktivität zeigen. –
Mit zunehmender Übung und Vertrautheit verkleinern sich die aktivierten Areale, bis schließlich keine Aktivität im Cortex mehr feststellbar ist. Die Ausführung erfordert nun nicht mehr die Kapazität des Arbeitsspeichers". (Grawe)"

Eine der wichtigsten Aufgaben des Therapeuten oder Coach ist es, herauszufinden, welche Ziele, Werte und Motive für den Patienten wirklich wichtig sind. Nur wenn diese Ziele, Werte und Motive bewusst reflektiert und sprachlich kommuniziert werden, d.h. im bewussten Modus bearbeitet werden, kann eine längerfristige Bahnung neuer Muster erreicht werden, die die alten Muster hemmen oder ersetzen. Und nur wenn der Patient/Klient den Sinn einer Veränderungsarbeit versteht, wird er sich auf einen Prozess einlassen, der nicht selten erst einmal schmerzhaft und unangenehm sein kann.
Deshalb lautet die häufigste Frage, die ich meinen Klienten stelle:
Was ist das (eigentliche) Ziel?

Gerade die problematischen Abläufe, Angstgefühle, Depressionen etc. werden eben deshalb als so negativ erlebt, weil sie überwiegend unbewusst ablaufen und das Gefühl von Unkontrollierbarkeit, von

Ohnmacht erzeugen. Diesen Prozess bewusst machen bedeutet nicht zuletzt, eine Form von Kontrolle zu ermöglichen, was oft schon eine entscheidende Entlastung bedeutet.

Und damit wären wir beim
Tiefenpsychologischen Ansatz (TP):

Die "Tiefe" in der Therapiebezeichnung verweist auf die verborgenen unbewussten oder unverstandenen Wünsche, Motive und Konflikte als auch auf die „Tiefe der Zeit", also die fortdauernden Einflüsse aus Kindheit und Jugend.
Im Rahmen der TP geht man davon aus, dass in der Tiefe liegende, unbewusste psychische Vorgänge eine Wirkung auf die psychische Gesundheit des Menschen haben. Im Unterschied zur Verhaltenstherapie liegt der Schwerpunkt weniger auf der unmittelbaren Beeinflussung des Verhaltens des Patienten, sondern erst einmal auf einer Klärung der zugrundeliegenden Ursachen, wodurch indirekt bzw. in der Folge eine Verringerung der Beschwerden eintreten soll.

Die therapeutische Methodik der TP hat zwar Ähnlichkeiten mit der Psychoanalyse, unterscheidet sich jedoch in der therapeutischen Haltung, der Behandlungsfrequenz, der Behandlungsdauer und dem Setting. Muster, die die Grundlage für aktuelle Konflikte darstellen, werden im Hier-und-Jetzt behandelt, unter besonderer Berücksichtigung der wichtigen Beziehungen aller im realen Leben agierenden Personen (z.B. Chef, Kollegen, Partner, Eltern, etc.)

Der Schwerpunkt der Therapie liegt zwar auf den unbewussten Konflikten, die durch aktuelle Lebensereignisse ausgelöst und/oder reaktualisierte werden (d.h. wieder hochkommen), und die aktuell zu entsprechenden Symptomen führen, die dann ein Etikett als „Krankheit" bekommen. Aber, die Bearbeitung solcher Konflikte, die aus der Vergangenheit, insbesondere aus der frühen Kindheit der Patienten stammen (Grundkonflikte, **siehe Anhang 10+11**), geschieht in der tiefenpsychologisch fundierten Therapie nur ansatzweise. V.a. das „Arbeiten an der Struktur" wird in der TP im Gegensatz zur Psychoanalyse problematisch gesehen.

In der therapeutischen Praxis arbeiten Patient und Psychotherapeut zielorientiert entlang konkreter Probleme. Die Ziele und Themen werden miteinander besprochen, es besteht v.a. eine größere Transparenz hinsichtlich des Therapieprozesses als dies bei der Analytischen Psychotherapie der Fall ist.

In meinen Worten: Wir schauen gemeinsam in die Vergangenheit, um zu verstehen, wie-wann-und-wo die Muster entstanden sind, die bisher funktioniert haben und jetzt aktuell (Gegenwart) nicht mehr funktionieren, und wir suchen dann gemeinsam neue Muster, mit denen sich die Probleme in der Zukunft besser lösen lassen.

Kurz gefasst:
- Muster aus der **Vergangenheit**
- Probleme in der **Gegenwart**
- Lösungen für die **Zukunft**

Bei der Rückschau sehen Sie nur einen Weg, der nun mal genau so verlaufen ist, wie er verlaufen ist. In der Vorschau sind viele Wege möglich. Und genau das ist Ihre Chance.

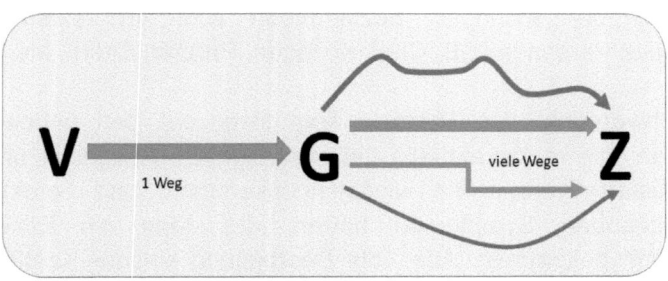

Kapitel 4

Lerne, deine eigenen Glaubenssätze, Werte und Ziele zu definieren

„Glaubenssätze sind wie Hosenträger, die an die Wand genagelt sind!"

Ich versuche als Therapeut, das bewusste Denken anzusprechen, um im Unbewussten Veränderungen herbeizuführen und zu ermöglichen. Dazu ist es hilfreich oder sogar notwendig, herauszufinden, welche grundlegenden Motive und Ziele sich oft schon sehr früh im Leben herausgebildet haben und wie sie sich dann im Laufe der Entwicklung differenziert und verändert haben.

Das Problem dabei ist, dass diese übergreifenden Motive und Ziele, wie schon beschrieben, stark automatisiert und damit unbewusst sind. Sie beeinflussen die psychische Aktivität, also auch das, was sich im Bewusstsein abspielt, permanent und oft durchschlagend, ohne dass es dem Individuum bewusst wird. Der Grund dafür, dass der Prozess **zwar das Bewusstsein bestimmt, aber selber nicht bewusst ist** liegt u.a. darin, dass der Mensch mit Alltagsdingen beschäftigt ist, aber v.a. auch daran, dass die Inhalte im Bewusstsein "kognitive Dissonanzen" auslösen würden. Das erklärt auch, warum die Bearbeitung und damit Bewusstwerdung dieser Inhalte oft ein schmerzhafter Prozess ist, den man erst einmal durchstehen muss, um dann einer Veränderung eine Chance zu geben.

Da die Inhalte wie schon mehrfach dargestellt nicht gelöscht werden können, müssen dem Gehirn andere, neue Motive und Ziele angeboten werden, die die alten Muster ersetzen können, und die attraktiver sind, als die alten Muster. Das ist oft ein langer und kurviger Weg, v.a. da die alten Muster wie beschrieben unbewusst und damit extrem hartnäckig abgespeichert sind und sehr schnell wieder aktiviert werden können.

"Glaubenssätze" sind also
- Meinungen und (Vor-)Urteile über mich selber und die Welt,
- die ich zu einer Zeit gelernt habe, als ich mich nicht wehren konnte,
- weil meine psychischen Fähigkeiten noch unreif
  und im Werden waren.
- ..und ich lernte sie von Menschen,
  von denen ich existentiell abhängig war.

Beispiel: **Zwei sehr unterschiedliche Freundinnen**
Angelika ist in einer Familie aufgewachsen, in der die Eltern wenig Zeit für sie aber gleichzeitig hohe Ansprüche an die Leistungen der Kinder hatten. Obwohl sie eigentlich eine ganz gute Schülerin war, wurde sie nie gelobt, sondern auch gute Noten waren entweder selbstverständlich oder nicht gut genug.
Vor allem die Mutter kritisierte sie auch häufig wegen ihres Überge-wichtes und ihres sonstigen Aussehens. Noch heute wird der Patientin regelmäßig schlecht, wenn die Mutter am Telefon auf sie einredet, was sie ihrer Meinung nach immer noch alles falsch macht.
Ganz anders die Kindheit ihrer Schulfreundin Beatrice. Hier waren die Eltern stets bemüht, die Leistungen der Tochter zu würdigen, dabei aber auch mal ehrliche Kritik zu üben, aber immer nach dem Motto: das was du machst, ist nicht ganz o.k., aber du selber bist o.k. Sie halfen ihr auch, mit ihrer anfänglichen Pummeligkeit umzugehen, mit Ernährungsberatung und Sportangeboten, die ihr auch dann Spass machten, wenn es mal nicht so rund lief.
Angelika hat gelernt: Ich bin schlecht, hässlich, dumm, eine Looserin und zurecht unbeliebt. Im Kontakt mit Anderen – v.a. Jungs – zeigt sie ein ausgeprägtes Vermeidungsverhalten. Ihre Mitmenschen nimmt sie oft als grausam, blöd, manchmal „zum Kotzen" wahr, und die Welt ist für sie insgesamt abweisend, ungerecht und schlecht.

Ihre Freundin hingehend findet sich zwar nicht immer großartig, aber insgesamt ganz gut aussehend, einigermaßen intelligent und erfolgreich. Ihre Mitmenschen sind meistens liebenswert und hilfsbereit, und die Welt empfindet sie als weitgehend gerecht und gut. Ihr Verhalten ist dementsprechend eher auf Annäherung als auf Abwehr gerichtet, und sie erhält dadurch deutlich mehr positive Rückmeldungen als ihre Freundin.

Zusammenfassung: Glaubenssätze (Beliefs)
- kommen aus der Kindheit (von den wichtigsten Personen, die damals existentiell waren!)
- sind verinnerlichte Vorstellungen von uns selber
- werden nicht (mehr) hinterfragt
- wirken unbewusst (meistens, nicht immer)
- sind sehr wirksam für unser Selbstbild und unser Verhalten
- wirken meist über den auditiven Kanal
  (welche Stimme hören Sie?)
- typisch sind generalisierende Aussagen:
  „immer...“, „nur...“, „nie...“

Im **Anhang 06** finden Sie eine kleine Übung **„Glaubenssätze“**, bei der Sie verschiedene Aussagen bewerten können. Die Übung soll nur ein kleines Schlaglicht sein und kann vielleicht helfen, die Frage zu beantworten: Wie sehe ich eigentlich mich, meine Mitmenschen und die Welt an sich?

Wertehierarchien

„In der inneren Organisation und der Arbeitsweise des menschlichen Gehirns muss es eine Besonderheit geben, die es nicht nur möglich macht, sondern irgendwann sogar zwingend erforderlich macht, dass wir als Menschen eine Vorstellung unserer eigenen Würde entwickeln." (Gerald Hüther)

Werte sind noch mehr als Glaubenssätze bestimmend für unser Denken und Handeln und wirken v.a. im bewussten Modus, während Glaubenssätze (du bist gut / schlecht, wertvoll, kannst es / kannst es nicht usw.) früher angelegt werden und damit tiefer im unbewussten Modus wirken.

Wir lernen allerdings auch unser Wertesystem als Kind, und übernehmen es erst einmal mehr oder weniger unkritisch von unseren Eltern oder entsprechenden Bezugspersonen.
Wenn alles gut läuft, schaffen wir es (meistens in der Pubertät und im frühen Erwachsenen-Alter) uns unser „eigenes" Werte-System zusammenzubauen. Dieses bleibt zwar relativ stabil, wird aber im Laufe des Lebens immer wieder durch entsprechende Erfahrungen auf den Prüfstand gestellt und ggf. adjustiert, manchmal sogar auf den Kopf gestellt.

Ich rede hier von einem Werte-„System", da die unterschiedlichen Werte meistens auch unterschiedlich gewichtet werden, je nach Kontext und Lebensphase. Auch dieser Prozess verläuft mehr oder weniger bewusst oder unbewusst und wird im Wesentlichen über den schon mehrfach beschriebenen PFC gesteuert. Auch hier kann es zu kognitiven Dissonanzen bzw. Inkonsistenzen kommen, die unsere Psyche zu vermeiden sucht, v.a. wenn die in Kap.2 beschriebenen Grundbedürfnisse tangiert werden.

Im **Anhang 07** finden Sie die Übung „**Werte-Shopping**", bei der Sie verschiedenen Aussagen verschiedene Geldbeträge zu-ordnen können (Wofür würde ich mein Geld ausgeben?). Da Werte mehr als Glaubenssätze bewusst reflektiert werden, ist diese kleine orientierende Übung oft ein guter Ausgangspunkt für weitere tiefergehende Gespräche über Werte, Orientierung, Zugehörigkeit etc.

Eine schöne Übersicht über diese Art der Vorgehensweise zur „Wahrheitssuche" bietet die von Robert Dilts (einem der wichtigsten Entwickler des NLP) zusammen gestellte DILTS-Pyramide:

Die DILTS-Pyramide

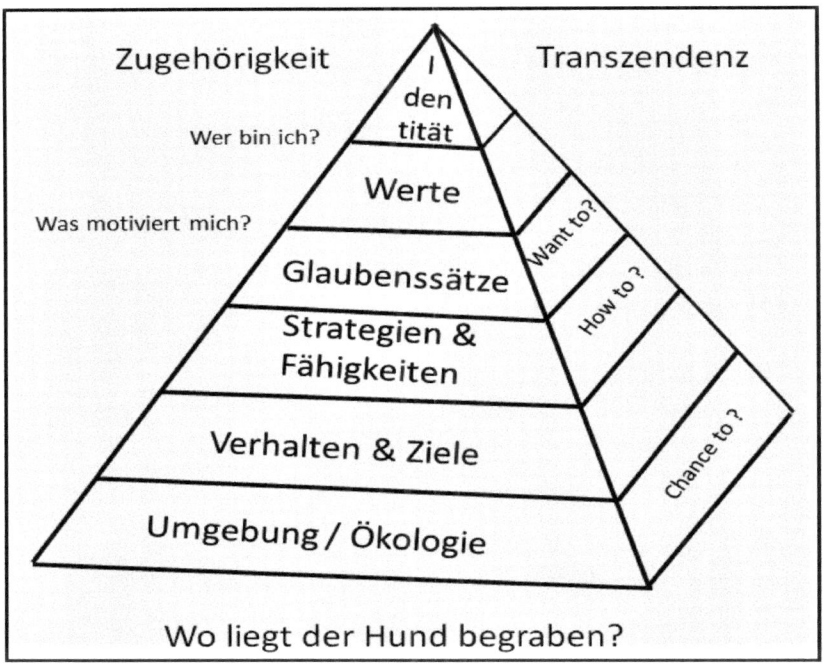

107

Mit diesem komplexen Schema können Probleme und Ziele unter verschiedenen Gesichtspunkten beleuchtet werden, um herauszufinden, auf welcher Ebene sich das „eigentliche Problem" befindet, welches (vielleicht) die Umsetzung der Verhaltensänderung blockiert.

Beachte: nicht immer sind alle Ebenen relevant.

Die Basis bildet die Analyse und das Verstehen der **Umgebungsbedingungen**, im NLP auch als **Ökologie** bezeichnet.

Die entscheidenden Fragen hier sind:
- Wer oder Was ist betroffen?
- Was ist der Preis? Will ich den Preis bezahlen?
- Was sind die Auswirkungen auf andere Menschen? Sind diese positiv für alle?
- Was sind die Abbruchkriterien? Wann muss ich mein Ziel aufgeben?
- Was sind die Voraussetzungen für ein Gelingen? Wie sieht der Zielerahmen aus?
- Was ist der „Sekundärgewinn"? Welche Grundbedürfnisse sind involviert
- Was muss ich aufgeben? Wie ersetze ich das?

Die Fragen beziehen sich auf alle Lebensbereiche: Wohnen/Leben, Arbeiten, Beziehungen, Geld/Finanzen, Gesundheit etc. - Die unterste Ebene der DILTS-Pyramide beschäftigt sich also v.a. mit der Frage:

„Habe ich überhaupt eine Chance, also die Möglichkeiten, um mein angestrebtes Veränderungs-Ziel zu erreichen?" **(Chance to?)**

Darüber kommt die Ebene **Verhalten & Ziele**

Hier wird die Frage gestellt: „Wie kann ich konkret meine Ziele definieren und erreichen? Was könnten die konkreten Schritte zur Realisierung meiner Ziele sein."

Es gibt im NLP einige schöne Übungen, um unser Gehirn so anzusprechen, dass es die Realisierung unserer Ziele unterstützt.
Im Anhang finden sie die **Disney-Strategie** und nachfolgend das **SMARTe-Ziele-Modell** und die Übung „Unsere Antreiber" **(Drivers)**

Übung: **Das SMARTe-Ziele-Modell**

Eine der bekanntesten NLP-Übungen. Man versucht ein Ziel so zu formulieren, dass es die planenden und ausführenden Trampelpfade im Gehirn so anspricht, dass es die Realisierung des Zieles am besten unterstützt.

S. spezifisch (korrekt)
selbst initiierbar
simple

<u>Was</u> genau wollen Sie erreichen?
Ist das Ziel 100% von Ihnen <u>selbst</u> zu steuern?
Einfache, "hirngerechte" Formulierungen

M. messbar
(Deadline, Kriterien)

Woran erkennen Sie, dass Sie das Ziel erreicht haben?

A. als ob jetzt
attraktiv

allgemeinverträglich
(ökologisch)

Ist das Ziel in der Gegenwart formuliert?
Wollen Sie wirklich? Preis? Sekundärgewinn?
Unter welchen Bedingungen würden Sie auf das Ziel verzichten? (Abbruchkriterien)
Ist es für alle Beteiligte positiv?

R. realistisch

Halten Sie es für machbar / im Bereich des Möglichen? (sonst tut man sich nur weh!)

T. total positiv
(keine Verneinung)
Timing

Ist das Ziel positiv und ohne Vergleich beschreibbar?
Wann <u>genau</u> ist das Ziel erreicht?

Driver	Arbeitsstil / Problematik	Glaubenssätze (Beliefs)
Be perfect **100%**	**„Sei perfekt"** • Qualität statt Masse • Fehler sind unverzeihlich Streß tritt auf ... wenn Schnelligkeit gefordert wird. Arbeiten dauern bei ihm manchmal länger, weil sehr oft kontrolliert wird	• Ich muss alles selber machen (sonst wirds nichts) • Man kann sich auf niemanden verlassen • Wenn ich was mache, mache ich es richtig • Ich muss besser sein als andere • Ich bin für alles verantwortlich • Ich muss alles unter Kontrolle haben
Hurry up	**„Beeil dich"** • Quantität ist wichtig • Alle Arbeit muss rasch erledigt werden Stress tritt auf ... wenn Genauigkeit gefordert wird. Arbeiten müssen wegen Fehler noch einmal gemacht werden	• Irgendwie geht's schon • Wer rastet, der rostet • Da mache ich es lieber gleich selbst • Wer zeigt, dass er ständig im Stress steht, wird respektiert und als besonders tüchtig eingeschätzt • ...
Please me	**„Mach es mir recht"** • Hauptsache das Klima stimmt • Der Sinn der Arbeit wird nicht hinterfragt Stress tritt auf ... wenn Freundlichkeit keine Rolle spielt	• Ich muss für andere immer da sein • Wichtig ist, dass alle mich akzeptieren • Ich darf niemandem weh tun • Konflikte muss man vermeiden • Für ein harmonisches Klima muss man die eigenen Bedürfnisse zurückstecken • Wenn ich tue was ich will, werde ich nicht geliebt

Unsere Antreiber (Drivers)

Bei dieser Übung geht es darum, herauszufinden, welche "Antreiber" (Drivers) mein Handeln am ehesten beeinflussen: Ist es mir vor allem wichtig, dass es schnell geht ("Hurry up") - dabei bleibt häufig die Sorgfalt auf der Strecke (das "Be perfect"). Dazwischen stehen die Menschen, für die an oberster Stelle das "Beliebtsein" steht ("Please me"). Sie müssen häufig andere Grundbedürfnisse hinten anstellen, um dieses Ziel zu erreichen. Auch diese Mechanismen laufen häufig weitgehend unbewusst ab.

Folgend Aussagen treffen auf meinen Arbeitsstil zu:
(Schreiben Sie die zutreffende Zahl in das 2.Kästchen)
Die Fragen sind auf den Büroalltag konzipiert,
Sie können sie aber leicht analog auf Ihre spezifische Situation
umformulieren.

Die Aussagen treffen zu:
5=voll und ganz / 4=gut / 3=etwas / 2=kaum / 1=gar nicht

Nr.	5-1	Aussage
1		Wenn immer ich eine Arbeit mache, dann mache ich sie gründlich
2		Ich fühle mich verantwortlich, dass diejenigen, die mit mir zu tun haben, sich wohl fühlen
3		Ich bin ständig auf Trab
4		Ich sage oft mehr, als eigentlich nötig wäre
5		Ich habe Mühe, Leute zu akzeptieren, die nicht genau sind
6		Wenn ich eine Meinung äußere, begründe ich sie auch
7		Wenn ich einen Wunsch habe, erfülle ich ihn mir schnell
8		Ich liefere einen Bericht erst ab, wenn ich ihn mehrer Male überarbeitet habe
9		Leute die „rumtrödeln", regen mich auf
10		Es ist für mich wichtig, von den anderen akzeptiert zu werden
11		Ich versuche oft herauszufinden was andere von mir erwarten
12		Aufgaben erledige ich möglichst rasch
13		Ich sollte viele Aufgaben noch besser erledigen
14		Ich kümmere mich persönlich auch um nebensächliche Dinge
15		Ich schätze es, wenn andere auf meine Fragen rasch und bündig antworten
16		Es ist mir wichtig, von anderen zu erfahren, ob ich meine Sache gut gemacht habe
17		Ich stelle meine Wünsche und Bedürfnisse oft zurück
18		Ich trommle oft ungeduldig mit den Fingern auf den Tisch
19		Beim Erklären von Sachverhalten verwende ich gerne eine klare Aufzählung: Erstens ... Zweitens ... Drittens ...
20		Es ist mir unangehehm, andere Leute zu kritisieren
21		Bei Diskussionen nicke ich häufig mit dem Kopf
22		Mein Gesichtsausdruck ist eher ernst
23		Ich bin nervös
24		Ich sage oft: „Mach vorwärts"
25		Ich sage oft: „Genau", „exakt", „klar", „logisch"
26		Ich sage eher: „Könnten Sie es nicht einmal versuchen?" als „Versuchen Sie es einma!!"
27		Ich bin diplomatisch
28		Ich versuche, die an mich gestellten Erwartungen zu übertreffen
29		Beim Telefonieren bearbeite ich nebenbei oft noch Akten
30		Flüchtigkeitsfehler sind nicht so entscheidend.

Wie viele Punkte haben die folgenden Fragen?

1	5	6	8	13	14	19	22	25	28	Summe:

Dein „Be Perfect"

3	7	9	12	15	18	23	24	29	30	Summe:

Dein „Hurry Up"

2	4	10	11	16	17	20	21	26	27	Summe:

Dein „Please me"

Zusammenfassung:

Unser **„Be Perfect"** in uns will alles 100%ig richtig machen. Für ihn zählt Qualität statt Masse oder Schnelligkeit. Er kann Fehler nur sehr schwer verzeihen.
Er gerät immer dann unter Stress, wenn Schnelligkeit gefordert wird.
Arbeiten dauern bei ihm länger, da sehr oft kontrolliert wird.

Unser **„Hurry up"** schreit ständig „beeil dich"! Alle Arbeiten müssen rasch erledigt werden, die Quantität ist wichtig.
Er gerät unter Stress, wenn Genauigkeit gefordert wird.
Arbeiten müssen bei ihm häufig wegen Fehler noch einmal gemacht werden. Er ist ein Freund des Multitaskings
(was - wie wir gesehen haben – gar nicht geht.)

Mister **„Please Me"** hat es am schwersten. Er möchte es unbedingt allen recht machen. Die Hauptsache ist, dass das Klima stimmt.
Er ist dann gestresst, wenn Freundlichkeit und Beliebtheit keine Rolle spielen, sondern nur das Ergebnis und das Durchsetzungsvermögen zählt. So sehr Freundlichkeit – gerade im Dienstleistungsbereich oder in sozialen Berufen – selbstverständlich als positive Eigenschaft zu schätzen ist, so problematisch wird es, wenn ihr alle anderen Kriterien untergeordnet werden.

112

(Als ich meine Frauenarztpraxis aufgemacht habe, wusste ich: Du kannst es unmöglich allen Patientinnen recht machen. Also habe ich versucht, es erst einmal mir recht zu machen, zu schauen, dass ich mich wohl fühle – und siehe da, ich bekam meistens genau die Patientinnen, die auch zu mir und unserer Praxis passten.)

Auf der Ebene **Strategien & Fähigkeiten** wird nach den konkreten Ressourcen zur Ziele-Erreichung gefragt **(How to?)**.

Ein Axiom (Grundsatz) im NLP lautet: Alles ist eine Fähigkeit.
Unser Gehirn will eigentlich immer unser Bestes, auch wenn es nicht immer danach aussieht (Trenne Absicht und Verhalten!). Es kommt also nicht nur auf den Kontext sondern oft auch auf die Draufsicht und Bewertung an, ob ein strategisches, d.h. immer wiederkehrendes Verhaltensmuster hilfreich oder hinderlich zur Erreichung eines Zieles ist. Auf jeden Fall stecken dahinter Fähigkeiten, die es zu erkennen gilt:

Zum Beispiel:
- Was ist mein bevorzugter Sinneskanal?
  (VAK = visuell / auditiv / kinästhetisch)
- Reagiere ich besser auf Bestrafung oder auf Belohnung?
  (away from / towards to)
- Was sind meine Antreiber?
  (Be perfect / Hurry up / Please me)
- An welchen Vorbildern kann ich mich orientieren?
  (Lernen am Modell)
-

Es gibt zwei sehr häufige und sehr wirksame Strategien, um (immer wieder) zu scheitern:
- Selbstmitleid
  („Leiden ist leichter als lösen")
- Das Schwarze-Peter-Spiel
  („Löse das Problem und nicht die Schuldfrage")

Wichtig: **Unterscheide Selbstmitleid und Selbstmitgefühl.**
Mitleiden bedeutet, sich in die Emotion hineinfallen lassen, sich von ihr überwältigen und damit lähmen zu lassen. Mitfühlen bedeutet, der Emotion nachzuspüren, dafür Verständnis aufzubringen, dabei aber soviel Distanz zu bewahren, dass man auch noch helfen kann. Mein Lehrer nannte es *„vom Kuchen kosten, ihn aber nicht essen"*.

Die Ebene der **Glaubenssätze (Beliefs)** wurde schon ausführlich dargestellt.
Auf dieser Ebene wird die Frage behandelt, welche unbewussten (intrinsischen) Motive und nach außen deklarierten (extrinsischen) Begründungen habe ich, um welche Ziele zu verfolgen.
- Was kann ich wollen? **(Want to?)**

Alle die bisher beschriebenen Ebenen werden letztendlich wesentlich beeinflusst von den Ebenen darüber, die sich mehr oder weniger bewusst mit der Frage der **Werte und Identität** beschäftigen:

- Wer bin ich? (z.B. Mann / Frau ...)
- Nach welchen Werte-Vorstellungen handle ich?
  (bewusst oder unbewusst)
- Wem oder welchen Gruppen fühle ich mich **zugehörig**?
  (Familie, Sippe etc.)
- Was für eine Vorstellung von **Transzendenz** habe ich?
  (Die Frage nach der Spiritualität)
- Wie beeinflusst mich diese Frage bzw. wie wichtig ist sie mir?
  (Die **Sinn-Frage**)

„Wir stolpern nicht über Berge
sondern über Maulwurfshügel" (Konfuzius)

Kapitel 5

Lerne, Verantwortung zu übernehmen

Zwei Seiten einer Medaille

Sehen Sie hier diese Münze (Medaille). Sie hat zwei Seiten, die untrennbar miteinander verbunden sind. Sie bekommen nie die eine ohne die andere.
Auf der einen Seite steht **„Freiheit"**,
auf der anderen **„Verantwortung"**.

In jeder Buchhandlung stehen meterweise Ratgeberliteratur und in nahezu jedem dieser Ratgeber steht der Satz „Sie müssen Verantwortung für Ihr Leben übernehmen, dann geht's Ihnen besser, weil Sie dann erst die Freiheit bekommen, das zu tun, was Sie wirklich wollen".

Das stimmt so, ist aber nur die halbe Wahrheit. Vergessen wird dabei häufig zu betonen, dass Sie dann auch das uneingeschränkte Recht haben müssen, bestimmen zu dürfen, was passiert. Nur wenn Sie diese Freiheit schon haben, dürfen Sie auch die Verantwortung dafür übernehmen. Haben Sie diese Freiheit nicht, dann wehren Sie sich mit allen Mitteln gegen den Versuch, Ihnen die Verantwortung zu übertragen. - Das gilt übrigens auch für den inneren Moralapostel, der Ihnen anerzogen wurde.

Kurz gesagt: **Finger weg von Verantwortung ohne die Freiheit der Selbstwirksamkeit** (zu diesem Begriff kommen wir noch beim Thema Stress und Resilienz). Übernehmen Sie nur Verantwortung für den Teil einer Sache, den Sie auch uneingeschränkt beeinflussen können. Dann aber auch mit allen Konsequenzen, ohne Hintertürchen und ohne das Schwarze-Peter-Spiel oder der Suche nach einem Sündenbock.

Fehler darf man machen und sich auch darüber ärgern. Am meisten ärgert man sich aber über die Fehler, die man gemacht hat, weil man der Ansicht war, jemand anderer kenne sich besser aus, weiß es besser, ist kompetenter etc. Wenn man dann auf den Bauch fällt, ärgert man sich weniger über die Tatsache, dass es schiefgelaufen ist – das hätte es auch können, wenn Sie sich nicht vor der Freiheit der eigenen Entscheidung gedrückt hätten – das wirklich ärgerliche ist, dass Sie zwar die Verantwortung übernommen haben (müssen), sich aber nicht die Freiheit genommen haben, **selber** die falsche Entscheidung gefällt zu haben. Das ist bitter und ruinös, für die Karriere und v.a. für das eigene Selbstbewusstsein. Vor allem, wenn Sie hinterher versuchen, statt das Problem wieder mal die Schuldfrage zu lösen, indem Sie im Nachhinein die Verantwortung wegzuschieben versuchen.

Also: denken Sie bei allen Entscheidungen an die Medaille:
wieviel Freiheit habe ich? Nur dafür will ich auch die Verantwortung übernehmen.

Viele fühlen sich ihr Leben lang für alles Mögliche verantwortlich: z.B für das Glück meiner Eltern, schließlich haben sie mich ja immer unterstützt, muss ich ihnen dafür nicht dankbar sein?
– Schon, aber wie lange?
Und warum sollen Sie für Menschen verantwortlich sein, die wesentlich älter sind als Sie und nicht die geringste Lust zeigen, sich selber zu verändern, die einzige Möglichkeit, sein eigenes Glücklichsein zu befördern.

Eltern haben oft viel für uns getan, und tun es vielleicht immer noch. Sie haben uns aber auch Glaubenssätze vermittelt (siehe dort), die wir spätestens nach der Pubertät in Frage stellen sollten. Sie können noch so gut gemeint sein – wir gehen ja im NLP davon aus, dass jeder bestmöglich handelt, also so gut er es im Rahmen seiner Möglichkeiten derzeit kann – aber allzuoft werden sie unzensiert übernommen und damit auch die Verantwortung, die damit verbunden ist. Spätestens wenn wir diese Glaubenssätze in Frage stellen, müssen wir die Freiheit einfordern, so zu handeln, wie **wir** das wollen. Blöderweise müssen wir uns dann aber auch darauf festlegen, was wir eigentlich wollen und können.

Ein Beispiel: **Das unerwünschte Kind**
Daniela muss sich seit ihrer Kindheit den Satz anhören: „Du hast mein Leben ruiniert – wenn du nicht gewesen wärst, wäre mein Leben ganz anders verlaufen, mit einem anderen Mann, einem anderen Beruf und überhaupt ..." – Dabei ist die Mutter auch mit 75 noch sehr agil und durchaus in der Lage, von Kiel nach Stuttgart zu fahren, um ihre Tochter überfallartig zu besuchen und ihr zu sagen wie schlecht es ihr geht seitdem sie alleine ist etc. – Die unerwünschte Tochter versucht trotzdem alles, um es ihr recht zu machen, was ihr aber nur sehr schwer gelingt, da die Mutter an allem etwas auszusetzen hat. Wenn sie mit ihrer Mutter telefoniert, bekommt sie Magenschmerzen und ist am nächsten Tag nur schwer ansprechbar.

Erst vor 50 Jahren fing das an, dass die Frauen ihre Fruchtbarkeit regulieren konnten. Auch die Babyboomer kamen noch in einer Zeit, in der ein Kind oft unerwünscht war und häufig die Lebensplanung der Mutter ruiniert hat. Viele Mütter haben dann die Schuld – bewusst oder unbewusst – auf das arme Kind übertragen, anstatt auf die Umstände. V.a. haben sie übersehen, dass sie selber sich entschieden hatten, mehr oder weniger freiwillig.

Wer sich für ein Kind entscheidet, muss auch die uneingeschränkte Verantwortung für sein Gedeihen bis zu einem gewissen Alter übernehmen. Es ist sein/ihr Job! Und das Kind muss dafür nicht dankbar sein, sondern es ist sein gutes Recht, was ihm Gutes widerfährt. Es muss auch nicht später dafür dankbar sein, da keiner es gefragt hat, ob es da sein will. Auch wenn seine Existenz Fluch oder Segen für die Mutter ist. Egal - es ist sein Geburts- und Existenzrecht.

Wann muss ein Kind etwas davon zurückgeben, seinerseits Verantwortung übernehmen? - Wenn die Eltern so senil und gebrechlich sind, dass sie sich alleine nicht mehr zurechtfinden können - aber erst dann! (Eine Mutter, die sich eine Fahrkarte kaufen kann, um 600 km zur Tochter zu fahren, ist noch nicht so weit!)

Der Klassiker: die Tochter hört die Stimme der Mutter am Telefon, und wird schlagartig wieder zur Achtjährigen. Wieder ein Super-Beispiel für Glaubenssätze.

Erwachsenwerden bedeutet:
die Glaubenssatz-Hosenträger nach und nach abzuschneiden und sein eigenes Wertesystem zu entwickeln.

Wenn wir Glück haben, helfen uns unsere Eltern dabei, wenn wir Pech haben, bestehen sie darauf, dass wir ihr Wertesystem nicht nur übernehmen (was im Kindesalter nicht nur normal, sondern auch legitim ist), sondern auch als Erwachsene daran festhalten und wir weiterhin ihre kleinen Töchter und Söhne bleiben.

Irgendwann aber merken wir die Diskrepanz zwischen Erlerntem und neu-Gefühltem und wir wehren uns oder versuchen uns anzupassen. Die einen aggressiv, ablehnend, Distanz aufbauend, die anderen durch Beschwichtigung und ständiges Zurückstecken. Dabei fallen wir immer wieder in die Lücke zwischen den beiden Wertesystemen.

Wenn wir es gut schaffen, unser eigenes Wertesystem und unser eigenes, positives Selbstbild zu entwickeln, dann schaffen wir es auch, uns ohne Groll und Aggression von unseren Eltern abzugrenzen und ihnen liebevoll klar zu machen, dass wir erwachsen geworden sind. Dann sind wir auf Augenhöhe. Das führt auch zu einer Entlastung der Eltern, die dann wissen, dass sie jetzt nur noch die Verantwortung für ihr eigenen Leben übernehmen müssen.

Allerdings müssen wir diese Überzeugungen erst einmal genauso in uns selber verankern, wie vorher die Glaubenssätze, die wir ersetzen wollen. Erst dann können wir den Eltern auf Augenhöhe begegnen, und erst dann werden sie uns glauben und (hoffentlich) akzeptieren.

"Mehr als die Vergangenheit interessiert mich die Zukunft, denn in ihr gedenke ich zu leben."
(Albert Einstein)

Der Weg zur Wahrheit - **Fake News in Zeiten von Corona:**
Im März 2020 konnte man sicher sein „Und täglich grüßt ein ZDF Spezial" oder ein „Brennpunkt" in der ARD. Mit immer neuen Berichten und Statements der Experten u/o Politiker, die sich ergänzten oder widersprachen, oder zumindest das noch vor wenigen Tagen oder Wochen Gesagte relativierten. Wer sich mit Wissenschaft beschäftigt wundert sich darüber weit weniger als der Laie, der damit oft völlig überfordert ist. Fast zwangsläufig kamen dann wenige Wochen später die „Querdenker", die Coronaleugner, Impfgegner, „Covidioten" etc. Es gab Demos gegen die Maßnahmen der Regierenden, eine Vielzahl von unschönen Szenen und unheilvolle Allianzen mit rechten Gruppierungen, Verschwörungstheoretikern und sogenannten „Aluhutträgern" aus dem Esoteriklager und vieles, was bei einem aufgeklärten Geist nur verständnisloses Kopfschütteln auslösen konnte.

Da ich mich in der Zeit vor der Psychotherapiepraxis fast 30 Jahre lang mit verschiedenen Märchen über die Hormontherapie in den Wechseljahren rumschlagen musste, hat mich schon immer die Frage interessiert:

Gibt es einen einigermaßen sicheren Weg zur Wahrheit?

Die gute Nachricht: ja den gibt es. Unser Gehirn arbeitet permanent mit Wahrscheinlichkeitsrechnungen, und das kann man nutzen, wenn wir drei Fragen aufrichtig und realistisch beantworten:

1) EHRLICHKEIT – und zwar uns selbst gegenüber.
Was kann ich einigermaßen sicher beantworten, weil ich mich mit dem Thema ernsthaft und ausführlich beschäftigt habe?
Was glaube ich zu wissen, weil ich mich schon mal "schlau" gemacht habe? Wo muss ich mich aber trotzdem als Laie sehen?

Und wo kann ich sicher nicht mitreden, weil ich nun wirklich keine Vorkenntnisse habe und mich noch nie ernsthaft mit dem Thema beschäftigt habe?

2) KOMPETENZ - Who is who?

Von wem stammt die Information? Wie gut kenne ich den Experten, bzw. kann ich beurteilen, was der kann (siehe 1)? Wie gut waren in der Vergangenheit seine Aussagen, die Trefferquote seiner Prognosen? Was hat er/sie für eine Ausbildung? Was hat er/sie wo publiziert? Welche Menschen, die ich schätze und denen ich vertraue, schätzen ihn auch? – Wie gut kann ich mich auf meine eigene Menschenkenntnis verlassen?

3) PLAUSIBILITÄT – Wie passt die neue Information in mein bisheriges Wissen und Weltbild? – Sehr wichtig:
Wahrheit bekommt man nie am Stück, sondern immer als Puzzle!
Wie passen die Teile zusammen? Wenn ich mit Abstand auf das Problem sehe, sehe ich dann ein sinngebendes Bild, auch wenn in dem Puzzle noch einige Teile fehlen? Wie passt das neue Puzzleteil in das Gesamtbild?

Wenn wir diese drei Fragen ehrlich beantworten, bekommen wir zwar keine Patentlösung und oft auch leider nicht das, was wir gerne hören möchten, aber wir finden einen Weg durch den Dschungel der Fake-News, der gerade im Netz und gerade in solchen Zeiten immer dichter und chaotischer wird.

---

*Trudy Bush: „**Truth exists, and waits to be sampled"***
(New York 1999; Trudy Bush war bis 2002 eine der renommiertesten Epidemiologinnen, also Expertin für Studien und Statistiken.)

Hirn oder Bauch?

Daniel Kahnemann beschreibt in seinem Buch "Schnelles Denken, langsames Denken" sehr schön, wann wir was bevorzugt einsetzen sollten.

Wenn wir ein **kompliziertes** Problem haben, das wir Stück für Stück analytisch aufdröseln können, sollte unser Verstand über wahr oder unwahr entscheiden. Ein Uhrwerk kann noch so kompliziert aufgebaut sein, letztendlich besteht es nur aus Federn und Zahnrädchen und arbeitet nach eindeutig definierten Gesetzen der Mechanik.

Wenn wir es dagegen mit **komplexen** Systemen zu tun haben, mit vielen Unbekannten und mit vielen Variablen, die alle voneinander abhängen, müssen wir manchmal aus dem Bauch heraus entscheiden, weil wir es gar nicht exakt analysieren können. Dann hilft der Blick auf ein Mosaik, in dem zwar einige Steinchen fehlen, das aber in seiner Gesamtheit durchaus ein sinnvolles Bild ergibt.

Wir sind alle Zeitreisende, die gemeinsam auf dem Weg in die Zukunft sind.

Lasst uns also gemeinsam daran arbeiten, aus dieser Zukunft einen Ort zu machen, den wir gerne besuchen.
(Stephen Hawking)

Kapitel 6

Lerne, die Welt mit verschiedenen Augen zu sehen

Trenne Absicht und Verhalten
(eine der wichtigsten Prinzipien im NLP)

Stellen Sie sich folgende Situation vor: Sie laufen auf der Straße, da kommt Ihnen ein guter Bekannter entgegen. Er läuft auf Sie zu, schaut Ihnen sogar kurz in die Augen, und läuft dann ohne einen Gruß o.ä. an Ihnen vorbei. – Was denken Sie jetzt?
a) hat der mich nicht wahrgenommen? – oder:
b) so ein Arsch, was glaubt der eigentlich?
Am Abend erfahren Sie von jemand anderem, dass seine Frau am Morgen ganz plötzlich verstorben ist. Er hat Sie also tatsächlich zwar gesehen, aber nicht wahrgenommen, weil er total mit seinem Kummer und dem damit verbundenen inneren Dialog beschäftigt war.

Trenne Absicht und Verhalten bedeutet,
genauer auf die Motivation zu schauen.
Und zwar sowohl auf die bewusste als auch auf die unbewusste (sehr viel schwieriger). Nur die wenigsten neuronalen Prozesse laufen bewusst ab. Und auch diese Prozesse werden ganz entscheidend von dem beeinflusst, was unbewusste abläuft.

Das gilt übrigens auch für den Therapeuten oder Coach. Auch er hat seine unbewussten Prozesse nicht immer unter Kontrolle, sollte sich das aber immer wieder bewusst machen und sich dabei evtl. helfen lassen. Im Psycho-Jargon nennt man das "Supervision".

Ein guter Therapeut zeichnet sich auch dadurch aus, dass er für ein Klima sorgt, in dem sich alle Beteiligten (incl. Therapeut oder Coach!)

wohl fühlen und sich auf das "Lösen des Problems" fokussieren, anstatt in der Gegenwart oder (noch kontraproduktiver) in der Vergangenheit nach Schuldigen zu suchen, die vom eigentlichen Ziel ablenken.

Wie schwierig sich die alltägliche Kommunikation dabei häufig gestaltet zeigt ein schönes Beispiel: **"Es ist grün..."**

Sie sitzen am Steuer und ihr Partner sitzt auf dem Beifahrersitz. Sie stehen vor einer Ampel. Als die grün wird und Sie nicht gleich losfahren, sagt Ihr Partner: „Es ist grün".
Je nach Interpretation (vielleicht auch aufgrund der Betonung) haben Sie jetzt mehrere Interpretationsmöglichkeiten:
„Es ist grün..." = ihr Partner gibt Ihnen völlig neutral eine Information
„Es ist grün!" = fahr endlich los! (genervt)
„Es ist grüühün"= schläfst du schon wieder, mein Dummerchen?
„Es ist grüün" = freu dich, wir können endlich weiter fahren ... usw.

Welche Ebene Sie jetzt rausinterpretieren hängt von der aktuellen Stimmungslage ab, Ihrem Bedürfnis nach Harmonie oder Lust auf Streit – und sehr häufig: welche Absicht Sie ihrem Partner unterstellen.

Trenne Absicht und Verhalten – Trenne vor allem Sach- und Beziehungsebene!

Unser Gehirn als Wirklichkeitsgenerator
Unser Arbeitsgedächtnis, in dem u.a. der „Strom des Bewusstseins" entsteht, ist weitgehend im PFC lokalisiert und steht ständig mit dem assoziativen Cortex in Verbindung, also dem Teil des Gehirns, in dem unsere Erinnerungen gespeichert und verwaltet werden. Ohne diese unzähligen Verbindungen und Impulsschleifen ist Bewusstsein nicht möglich. Sie stellen die hauptsächliche Grundlage für unser

subjektives Erleben in all seinen Facetten dar. Diese permanenten Assoziationsschleifen ermöglichen es, intern neuronale Zustände und damit Bilder, akustische Phänomene, Gerüche, Gedanken und Gefühle usw. zu generieren, ohne dabei auf Input von außen angewiesen sein zu müssen. Denken Sie z.B. an Beethoven oder Mozart beim Komponieren oder Einstein bei der Formulierung seiner Relativitätstheorie. Hier interagiert der Assoziationscortex nur mit sich selber und nicht mit der Umwelt. Es ist faszinierend, wenn man sich die Dimensionen dabei anschaut:

Wie schon an anderer Stelle erwähnt, geht für jeden Impuls, der über alle Sinnesorgane ins Gehirn reinkommt oder der vom Gehirn in andere Bereiche des Körpers geschickt wird (Drüsen, Muskeln etc.) ca. 5.000.000 Impulse innerhalb des Gehirns (genauer: im Assoziationscortex) hin und her. D.h. wir „machen uns unsere Welt im Kopf!" Jeder für sich, jeder seine eigene, keiner wie der andere.

Natürlich sind die „Welten" die dabei generiert werden nicht völlig unterschiedlich. Schließlich sind die Erfahrungen, die wir machen ja ähnlich, wenn auch nicht ganz gleich. D.h. auch die Assoziationen, mit denen wir arbeiten sind ähnlich. Trotzdem sind die Unterschiede oft erheblich, und so kommt es, dass wir manchmal doch sehr verschiedene „Welten" im Kopf haben.

Im NLP sagt man: **Die Landkarte ist nicht das Gebiet.**
Schauen Sie sich im Atlas mal die Landkarten von ein und dem selben Gebiet an, und Sie werden ganz unterschiedliche Darstellungen finden:
Einmal eine physikalische Darstellung, in der die Bodenbeschaffenheit, der Bewuchs und die Höhenunterschiede etc. dargestellt sind, im anderen Fall sind die Ländergrenzen und politischen Unterschiede dargestellt usw. Jede Darstellung hat seine Berechtigung, keine ist besser oder schlechter als die andere, sondern hat nur andere Schwerpunkte. So hat auch jeder von uns eine andere Sicht auf die

Welt, abhängig von seinen Erfahrungen und dem, was er daraus gelernt hat. Die Kunst besteht darin, diese verschieden Welten und Sichtweisen erst einmal zu respektieren und zu versuchen, sie für unser eigenes Denken nachvollziehbar und verstehbar zu machen. Erst dann können wir sie bewerten.

Wichtig: **Verstehen bedeutet nicht Akzeptieren**. Wir dürfen anderer Meinung sein, manchmal müssen wir es sogar, auch und evtl. sogar gerade dann, wenn wir jemandem helfen wollen. Aber immer erst im zweiten Schritt. Wir müssen immer zuerst verstehen, wie diese „Welt" zustande gekommen ist und wie dabei die Denkweisen, Handlungen und Gefühle entstanden sind, die uns die Lösung der momentanen Schwierigkeiten blockieren. Es gibt im NLP einige Übungen und Methoden, um die Sichtweisen und damit die Welt im Kopf zu verändern:

Im **Anhang 09** finden Sie die Übung „**Positionenwechsel**".
Sie stellen hierzu 4 Stühle im Raum auf oder legen 4 Papierblätter auf den Boden und setzen oder stellen sich drauf, um folgende Positionen in diesem Konflikt einzunehmen:
1-Ihre eigene Position zum aktuellen Zeitpunkt
2-Die Position des Anderen zum aktuellen Zeitpunkt
3-Ihre eigene Position z.B. 5 Jahre später
4-Und die Position eines neutralen, wohlwollenden Beobachters.

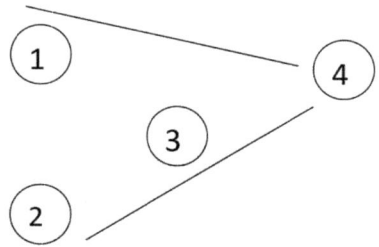

Ziel der Übung ist es, von der aktuellen, sehr emotionalen Ebene durch die „Brillen" verschiedener Positionen auf eine eher objektive und auch zukunftsorientierte Ebene zu kommen, um gerade die so schwierigen zwischenmenschlichen Konflikte besser in den Griff zu bekommen.

Lebenslügen - Ökocheck

1. *Hans stellt nach 30 Jahren Ehe fest, dass er die Frau damals mehr oder weniger geheiratet hat, um Steuern zu sparen.*
2. *Jürgen stellt nach 20 Jahren in der gleichen Firma fest, dass er den Beruf nur wegen seines Vaters erlernt hat.*
3. *Marion (51) ist seit 25 Jahren verheiratet, der Sohn ist 23, studiert und lebt noch zuhause, die Tochter (21) ist vor vier Wochen mit ihrem Freund zusammengezogen und die Ehe besteht gefühlt nur noch aus Haushalt und Einschlafen vor dem Fernseher. Unbewusst zieht sie immer häufiger Bilanz.*

Kommt Ihnen da was bekannt vor? Natürlich nicht bei sich selber, aber vielleicht bei Bekannten, Freunden, Verwandtschaft? – Auf der Autobahn des Lebens kann man sich schon mal verfahren. Sind Sie noch nie falsch abgebogen oder mussten erst über einen Umweg wieder auf die richtige Route kommen? Wenn nein, gehören Sie dann zu den wenigen Glücklichen oder haben Sie nur ein sonnigeres Gemüt und eine höhere Frustrationstoleranz?

Wie auch immer, Lebenslügen sind viel verbreiteter als man glaubt. Aber die meisten von uns haben ein erstaunliches Talent zur Verdrängung und arrangieren sich mehr oder weniger, falls sie es überhaupt spüren oder reflektieren.

Und meistens ist das auch gut so. Das Leben ist komplex und unser Denken, Handeln und Fühlen versucht ganz verschiedene Bedürfnisse zu befriedigen. Der Wunsch nach Stabilität und Harmonie steht dabei sehr weit oben, und wir sind meistens bereit, einen relativ hohen Preis dafür zu bezahlen, bewusst oder unbewusst.

Es gibt aber auch nicht ganz wenige, bei denen die Toleranzschwelle irgendwann überschritten wird, und die fangen an zu leiden, seelisch und/oder häufig auch körperlich.

Sie können dann weiter leiden („Leiden ist leichter als Lösen", sagt Bert Hellinger), weiter somatisieren oder eine Gesprächstherapie beginnen. Und wenn ihr Therapeut eine NLP-Ausbildung gemacht hat, wird er Ihnen vielleicht einen sogenannten ÖKOCHECK vorschlagen. Und genau darum soll es im Folgenden gehen:

Als **Ökocheck** bezeichnet man im NLP ein Gedankenexperiment, das die Auswirkungen einer Verhaltensänderung bzw. Entscheidung auf Ihr Leben ausloten soll. **Es ist eine Technik, um das Chaos auf der Gefühls-Ebene in den Griff zu bekommen, indem man ganz auf die Ebene der Vernunft und Logik geht.**

Wie wir schon mehrfach gesehen haben, werden die meisten unserer Entscheidungen unbewusst, und damit häufig irrational getroffen, „aus dem Bauch heraus". Das ist oft auch gut so, v.a. wenn wir es mit komplexen, im Prinzip durch rein vernünftiges Nachdenken kaum lösbare Probleme zu tun haben.

Obwohl uns unser Leben oft auch komplex vorkommt, wie das Wetter oder die Molekülbewegungen in einem Kernreaktor, hat es doch auch ziemlich viele Element, die bei rationaler Betrachtung doch viel lösbarer sind, als es uns im ersten Moment eines durch ein Aha-Erlebnis ausgelöstes Gefühlschaos erscheinen mag. Allerdings müssen wir dann einen Schritt zurücktreten, versuchen objektiv und v.a. ehrlich (zu uns selber!) sein und uns mit den folgenden Fragen befassen, am besten mit Stift und Papier – um dann darüber zu räsonieren und dabei den Überblick zu behalten.

Allgemeines Schema:

<u>Ziel / Dilemma:</u>
Was genau möchten Sie verändern? (so konkret wie möglich formulieren)
Welche Möglichkeiten haben Sie? (Change it, leave it or love it?)

A) <u>Was verändert sich,</u> wenn ich das Ziel **erreiche?** (eine Entscheidung treffe)	C) <u>Was verändert sich **nicht,**</u> wenn ich das Ziel erreiche? (was bleibt alles gleich bzw. wie vorher, wenn ich eine Entscheidung treffe)
B) <u>Was verändert sich,</u> wenn ich das Ziel **nicht** erreiche? (ich an einem oder mehreren Punkten scheitere, merke dass ich die falsche Entscheidung getroffen habe) bzw. das Ziel aufgebe (=auch eine Entscheidung!)	D) <u>Was verändert sich **nicht,**</u> wenn ich das Ziel **nicht** erreiche bzw. aufgebe? (was bleibt, wenn alles schief geht, wie sieht das worst case Szenario aus) oder: auf was kann ich mich auf jeden Fall verlassen?

Was sind die entscheidenden Fragen?

1. Wie sind die **Umgebungsbedingungen?**
   (Finanzen, Ort, Zeitachsen, Beruf, Verantwortung)

2. **Wer** ist betroffen?
   (Partner, Kinder, Familie, Freunde, Kollegen, soziales Netz)

3. **Was** ist betroffen? (Job, Finanzielles, Gesundheit (psychisch und physisch). Wie sind die Zukunfsperpektiven?

4. Was sind die „wirklichen" **Ziele?**
   (wichtig: Ehrlichkeit gegenüber sich selbst!)

5. Was ist der **Preis**? (für jede Variante der Entscheidung)

6. Will ich den Preis (wirklich) **bezahlen**?

7. Was sind die **Abbruchkriterien**? Wann ist der Preis zu hoch?

8. Wie sind die **Voraussetzungen** – jetzt und in der Zukunft?

9. Was genau muss ich **aufgeben**?

10. Wodurch wird das, was ich aufgeben muss, **ersetzt**?

11. Welche **Eigenschaften** beeinflussen meine Entscheidung? (Temperament, Persönlichkeit, Glaubenssätze, Werte etc.)

12. Welche **Erfahrungen** beeinflussen meine Entscheidung? (Erziehung, Lebenskrisen, andere Menschen, etc.)

Eine Menge Stoff zum Nachdenken also. Aber es geht ja auch um nichts weniger, als die Kursbestimmung für die noch verbleibende Restlaufzeit. Also nehmen Sie sich die Zeit und schreiben Sie alles auf, was Ihnen zu den 12 Fragen einfällt. (Sie müssen nicht immer jede Frage ausführlich beantworten, z.T. ergänzen sie sich).

Wenn Sie meinen, dass Sie genug gebrainstormt haben, dann kommt der 2. Teil der Übung. Teilen Sie ein Blatt in 4 Abteilungen und beantworten Sie die im Schema skizzierten Fragen.

Beispiel 1:
Hans stellt nach 40 Jahren Ehe fest, dass er die Frau damals mehr oder weniger geheiratet hat, um Steuern zu sparen.
Die Lebenslüge besteht v.a. darin, dass er eine Frau geheiratet hat, die er eigentlich gar nicht geliebt hat, und zwar von Anfang an. Vielleicht hat er sich arrangiert. Die echte Liebesheirat ist eine relativ junge Erfindung. Es gibt sie bei uns etwa seit der Romantik, also noch keine 300 Jahre. In den meisten Regionen der Welt ist sie immer noch

eher die Ausnahme. Nach einer großen englischen Studie sind arrangierte Ehen nach etwa fünf Jahren sogar stabiler und „glücklicher" als reine Liebesheiraten.

Bei unserem Beispiel gehen wir aber mal davon aus, dass sich ein gewisses Unbehagen breit gemacht hat und Hans irgendwie ins Grübeln gekommen ist, v.a. da ihn der Alltag als Rentner jetzt zunehmend nervt.

Spielen wir's mal durch:

Ziel / Dilemma:
Was genau möchten Sie verändern? (so konkret wie möglich formulieren)
Ich möchte gerne frei sein, um evtl. eine neue „echte Liebesbeziehung" eingehen zu können, etwas, was ich mein ganzes Leben nicht erlebt habe. Ich möchte in Zukunft auch tun und lassen können, was ich will, ohne ständig auf meine nörgelnde Ehefrau Rücksicht nehmen zu müssen
Welche Möglichkeiten haben Sie? (Change it, leave it or love it)
Scheidung, nur räumliche Trennung, zeitlich befristete Trennung, mich mehr durchsetzen, mich zurückziehen usw.

A) <u>Was verändert sich,</u> wenn ich das Ziel **erreiche?** (die Veränderung vornehme)	C) <u>Was verändert sich **nicht**,</u> wenn ich das Ziel erreiche? (was bleibt alles gleich bzw. wie vorher)
ich bin frei und kann tun und lassen, was ich will *ich muss z.B. nur noch aufräumen, wann ich will* *vielleicht treffe ich dann meine Traumfrau*	*es gibt noch genug Zwänge, die damit nicht weg sind.* *gerade im Alltag muss ich dann vieles erledigen, was bisher meine Frau gemacht hat*

B) Was verändert sich, wenn ich das Ziel **nicht** erreiche? (ich an einem oder mehreren Punkten scheitere)	D) Was verändert sich **nicht**, wenn ich das Ziel nicht erreiche? (was bleibt, wenn alles schief geht, worst case Szenario)
evtl. bin ich Frau, Wohnung und einen großen Teil meiner Finanzen etc. los, ohne dass ein adäqater Ersatz für das alles in Sicht ist	*ich bleibe derselbe (bequeme) Mensch, der ich war und damit wird es auch schwierig die Traumfrau zu finden - und mein altes Leben habe ich verloren*

Sie dürfen den Fall gerne weiterspinnen, es fallen Ihnen sicher zu allen 4 Abteilungen noch einige Ergänzungen ein. Spielen Sie dabei ruhig mit den verschiedenen Möglichkeiten, die oben aufgeführt sind, suchen Sie noch andere.

Beispiel 2:
Jürgen stellt nach 20 Jahren in der gleichen Firma fest, dass er den Beruf nur wegen seinem Vater erlernt hat.
Kein so seltener Fall. Hier kommt es natürlich entscheidend darauf an, ob er sich trotzdem weitgehend „verwirklichen" konnte, vielleicht auch außerhalb des Jobs, bei Hobbys oder Ehrenämtern etc. – Sicher muss man auch sein Verhältnis zum Vater klären und sehen, ob hier das eigentliche Problem sitzt.

Ziel / Dilemma:
Was genau möchten Sie verändern? (so konkret wie möglich formulieren)
Ich möchte eine Tätigkeit, die mir Spaß macht und meinen Neigungen entspricht (genauer beschreiben)

Welche Möglichkeiten haben Sie? (Change it, leave it or love it)
Kündigen, eine neue Ausbildung machen, innerhalb der Firma wechseln, ganz was Anderes machen etc.

A) Was verändert sich, wenn ich das Ziel **erreiche?** (eine Entscheidung treffe) *mehr Befriedigung bei der Arbeit mehr Selbstbestimmung Horizonterweiterung, neue Menschen*	C) Was verändert sich **nicht,** wenn ich das Ziel erreiche? (was bleibt gleich, trotz meiner Entscheidung) *Ich muss meinen Lebensunterhalt verdienen, meine Familie versorgen, finanzielle Verpflichtungen*
B) Was verändert sich wenn ich das Ziel aufgebe? (und eine andere Lösung suche, oder nicht mehr darüber nachdenke) *ich kann mich besser auf mein aktuelles Leben konzentrieren und vielleicht da etwas ändern (es geht mir besser, wenn ich eine Entscheidung getroffen habe als bei dieser Hängepartie)*	D) Was verändert sich **nicht,** wenn ich das Ziel aufgebe? (was bleibt gleich, im Guten wie im Bösen) *Ich habe meine Möglichkeiten mal durchgespielt und weiß jetzt was, ich alles schon geleistet habe, was ich kann und evtl. doch nicht kann und will – ich muss ein Haus nicht abreißen, ich kann es auch umbauen*

Sicher fallen Ihnen Menschen ein, die sehr viel radikaler ihr Leben verändert haben, z.B. vom Banker zum Künstler oder vom Immobilienmakler zum Heilpraktiker etc. – Nicht wenige sind dabei glücklicher geworden, viele aber auch nicht. Entweder weil die Erwartungen an die Rahmenbedingungen bzw. an sich selber nicht erfüllt wurden, oder weil der Preis, den sie bezahlen mussten letztendlich zu hoch war. Hier spielen Objektivität und Ehrlichkeit die entscheidende Rolle bei der lebensverändernden Entscheidung.

Nicht immer geht es beim **Ökocheck** um solch lebensverändernden Entscheidungen. Man kann diese Übung auch ohne weiteres auf trivialere Themen anwenden:
Soll ich meine Wohnung wechseln, einen Job annehmen, meinem Partner die Wahrheit sagen usw. **Letztendlich geht es darum, aus einer ambivalenten Hängepartie herauszukommen.**

Wie schon mehrfach beschrieben strebt unser Gehirn immer nach Kongruenz (Übereinstimmung von Wunsch und Wirklichkeit) und Konsistenz (Verträglichkeit von verschiedenen Zielen), d.h. es kann Ambivalenzen nur schwer ertragen. Oft ist es sehr befreiend, überhaupt eine Entscheidung getroffen zu haben. Ist sie dann getroffen, dann ist es wichtig, dazu zu stehen, ohne ständig wieder darüber zu grübeln, ob sie richtig war.

Manchmal gibt es Situationen, wo jede Entscheidung richtig oder falsch sein kann, man aber gezwungen ist, eine zu treffen. Ich musste diesbezüglich nicht wenige Frauen beraten, die vor der Entscheidung für oder gegen eine Abtreibung standen.
Die Philosophen nennen so eine Situation eine **Aporie**, also Ausweglosigkeit (a-poros = ohne Schlupfloch). Die Ökocheck-Übung kann dann helfen, von der Chaosebene der Gefühle auf die Vernunftebene zu kommen, um damit auch sich selber eine Entscheidungsgrundlage anzubieten, die auch für die Zukunft tragfähig ist, selbst wenn später Zweifel aufkommen könnten, die man dann aber besser aushalten kann.

Den Fokus verschieben

Im Abschnitt ZIELEHIERARCHIE haben wir gelernt, dass unser Gehirn immer mehrere Ziele ins Visier nimmt und unser Stirnhirn dann quasi darüber entscheidet, welches Ziel letztendlich verfolgt wird. Wenn sich Ziele „beißen", also sich nicht miteinander vertragen, löst dieser Konflikt sogenannte „kognitive Dissonanzen" aus, also ein schwer erträgliches Gefühlschaos, das wir so gut es geht vermeiden wollen. Dieser Prozess läuft zum größten Teil unbewusst ab und ist daher schwer zu kontrollieren. Es ist daher sinnvoll, immer wieder zu fragen: „Was ist das eigentliche Ziel?", um es damit in den bewussten Arbeitsspeicher zu bringen, um es dort auf seine Sinnhaftigkeit und Durchführbarkeit zu testen. Dabei stellen wir nicht selten fest, dass unser ursprünglich anvisiertes Ziel gar nicht umsetzbar ist, entweder weil wir die Rahmenbedingungen oder unsere Selbstwirksamkeit falsch eingeschätzt haben. Dann müssen wir den Fokus verschieben, d.h. das Ziel neu definieren.

Beispiel: **Umgang mit chronischen Schmerzzuständen**
Viele Schmerzpatienten verfolgen das Ziel: **„der Schmerz muss weg"**, es soll alles wieder sein wie vorher, bevor die Schmerzkrank-heit ihre Entwicklung begonnen hat.
So sehr dieser Wunsch nachvollziehbar und verständlich ist, müssen wir trotzdem oft dem Patienten sagen: Wir werden den ursprünglichen Zustand nicht mehr erreichen, „Sie werden lernen müssen, mit dem Schmerz zu leben".
Das ist erst einmal frustrierend sowohl für die Patienten als auch für die Therapeuten. Wenn aber alle Beteiligten diese Zielverschiebung einmal akzeptiert haben, dann – und oftmals erst dann - kann man sich auf Bereiche konzentrieren, die vorher nicht im Blick waren, und das neue Ziel voll ins Visier nehmen.

„Schmerz ist ein inneres, subjektives Geschehen", sagt die Psychologin Hanne Seemann. D.h., der Schmerz hat zwar seine Ursache in irgendeinem Ort des Körpers, wird aber erst zum subjektiven Empfinden SCHMERZ durch Bewertung im Gehirn. Dabei sind u.a. limbische (gefühlsmäßige) Funktionen und assoziative (Erinnerungs-) Funktionen beteiligt. D.h. er ist zumindest am Anfang eine Emotion, wie die Angst. Und so wie bei der Angst spielt hier das **Grundbedürfnis nach Kontrolle** eine entscheidende Rolle. Und indem wir den Fokus vom „der muss weg" auf „wie kann ich damit leben lernen" verschiebe, lenke ich meine Aufmerksamkeit und meine Ressourcen weg von einem nicht kontrollierbaren Ziel auf ein kontrollierbares Ziel. Wir erinnern uns an das Magische Dreieck von Fühlen, Denken und Handeln und verändern unser Denken (z.B. Visualisierungs-Übungen: Schmerz als farbiger Bereich im Körper), damit Konkretisierung des Fokus, Innehalten und Sinngebung etc. Und wir ändern unser Handeln: z.B. Suche und Zulassen von Hilfe, Atemübungen, Änderung der Lebensführung etc.

Eine ähnliche Entwicklung kennen wir vom Umgang mit **chronischen, fortschreitenden Krankheiten**, z.B. Multiple Sklerose oder **Krebserkrankungen**.

Bei fast allen Befragungen nach den größten Ängsten im Zusammenhang mit Tod und Sterben, nennen ca. 60% der Befragten: starke Schmerzen, Atemnot, Übelkeit und die Angst, dass der Sterbeprozess lange dauert. Ca. die Hälfte nennt die Angst, Angehörigen oder anderen Bezugspersonen zur Last zu fallen und dass sie evtl. den medizinischen Möglichkeiten zur Lebenserhaltung ausgeliefert sind. Ca. 40% haben Angst, dass sie dabei ganz allein sind.
Bei allen diesen Ängsten spielt also das Thema „Kontrolle" eine entscheidende Rolle.

Auch hier kann eine Fokusverschiebung vom Ziel HEILUNG auf das Ziel ERTRÄGLICHKEIT die Aufmerksamkeit und die Ressourcen von einem nicht-kontrollierbaren Ziel (vollständige Heilung) auf mehrere kontrollierbare Ziele verschieben. V.a. spielt hier auch das Thema Lebenszeit eine Rolle: Wieviel Zeit bleibt mir noch? Wie will ich diese Zeit verbringen?
Es hat mich immer wieder berührt und wütend gemacht, wenn Patientinnen und Patienten diese kostbare Zeit mit dem verzweifelten Festhalten an irgendwelchen Heilsversprechungen und den damit verbundenen Konsequenzen verbracht haben: oft stundenlange Infusionen, Übelkeit u.a. Nebenwirkungen, Geld für zweifelhafte Gurus statt für gemeinsame Unternehmungen mit ihren Liebsten etc.
Ich verstehe einerseits den Willen, nicht aufgeben zu wollen. Andererseits muss ich den Preis auf die Waagschale legen und fragen: wo und wann ist der Punkt, wo ich den Fokus verschieben muss. Auch hier gibt es einen Weg, seriöse Methoden von Quacksalberei zu trennen: Ehrlichkeit – Kompetenz – Plausibiltät – und klare Kriterien, wann welche Erfolge sichtbar sein müssen, um weiterzumachen oder wann es Zeit ist, die Ziele neu zu definieren und den Fokus zu verschieben.

Ein Beispiel: **Ananas-Extrakt bei einem Gebärmutterkrebs**
1996 kommt eine Patientin mit einem Packen Unterlagen zur Beratung. Sie hat einen Krebs der Gebärmutterschleimhaut (Endometrium-Carcinom) der schon sehr weit forgeschritten ist, mit Metastasen v.a. in Leber und Lunge. Als letzten „Strohhalm" hat sie vor 5 Wochen begonnen, ein neuartiges „alternatives Krebsmittel" einzunehmen, das pro Woche 500 DM kostet. Ich finde durch eine Literaturrecherche heraus, um was es sich dabei handelt: ein hoch-konzentrierter Ananas-Extrakt! Natürlich gibt es über die Wirksamkeit keinerlei wissenschaftliche Grundlage.

Vor 5 Wochen wäre die Patientin noch in einem Zustand gewesen, um die 2.500 DM z.B. für eine Kreuzfahrt auszugeben, um mit ihrem Partner noch einmal ein paar schöne Tage zu erleben, mittlerweile ist sie so geschwächt, dass dies nicht mehr möglich ist.
Ich kontaktiere fünf Universitätskliniken und bitte um Therapie-vorschläge. Die meisten raten zu einer 3- bis 5-fach Chemotherapie mit Substanzen, die sehr starke Nebenwirkungen haben. Prognostizierte Lebenszeit-Verlängerung dadurch: 3-6 Monate. – Nur eine Frauenklink in der „Provinz" rät zu dem, was ich mir schon zurechtgelegt hatte: Eine hoch dosierte Hormontherapie mit einem Gelbkörperhormon, das mit Sicherheit keine Heilung bringen wird (wie die Chemotherapien auch), aber das Befinden deutlich verbessert und das Leiden erträglich macht – und kaum Neben-wirkungen hat.

Wir müssen also auch als Ärzte immer wieder mal den Fokus verschieben und uns fragen: **Was ist das eigentliche Ziel?**

(Übrigens: „alternativ" sind diese Mittel und Methoden so gut wie nie. Im besten Fall sind sie „additiv", d.h. können <u>zusätzlich</u> *zur oft verkannten Schulmedizin Linderung und Besserung des Allgemeinbefindens bringen. Dann haben sie auch ihre Berechtigung. Trotzdem gilt auch hier wie immer in der Medizin: alles was „Wirkungen" hat, hat auch* <u>Neben</u>*-Wirkungen – und wenn's auch nur finanzielle oder zeitliche sind.)*

Kapitel 7

Lerne, die Widrigkeiten
des Lebens zu meistern

Ich sollte mich eigentlich auf die Prüfung vorbereiten. Aber erstmal einen Tee machen, Zeitung lesen. Die Bude müsste ich auch mal wieder aufräumen. Ich rufe meinen Kumpel an. Wir quatschen über Gott und die Welt, nur nicht über die anstehende Prüfung. Ich tigere in der Wohnung rum, blättere in der Zeitung, die Fachzeitschriften müssen mal wieder sortiert werden. Erstmal hinlegen, ausgeruht lässt sich's schließlich besser lernen. Der Termin rückt immer näher. Langsam steigt Panik auf. Beim Gedanken an die Prüfung spüre ich förmlich, wie sich der Bauch verkrampft, mir die Beine wegsacken, mein Kreislauf droht zu versagen ...

Das „Kaninchen-vor-der-Schlange-Syndrom"
- die Angst vor der Angst (sich zu verändern)

Der Verstand weiß, dass man das Problem eigentlich nur lösen kann, indem man sich hinsetzt und ein Buch nach dem anderen nicht nur in die Hand nimmt, sondern versucht, sich den Inhalt ins Langzeitgedächtnis zu ziehen. Aber die Angst und die körperlichen Reaktionen werden als so bedrohlich empfunden, dass wir ins "Freezing" gehen (hinlegen, Netflix schauen etc.) oder jede Gelegenheit zur Flucht nutzen (Zimmer aufräumen, Zeitschriften sortieren), Hauptsache die Angst möglichst klein halten.

Starke Angst haben wir vor allem dann, wenn wichtige Ziele bedroht werden. Wenn wir irgendwo zu scheitern drohen , wenn uns ein wichtiger Verlust droht, wenn etwas auf uns zukommt, das wir mit allen Mitteln zu vermeiden trachten. Die Angst, es sowieso nicht zu schaffen, zu versagen, sich zu blamieren nimmt im geschilderten Fall immer wieder überhand. Wir reagieren dann nicht vernünftig, sondern reflexhaft: Anstatt unsere Aufmerksamkeit und alle Kraft unserer bewussten Handlungsfähigkeit darauf zu verwendet, das Unheil abzuwehren oder möglichst gering zu halten, vermeiden wir, die Bedrohung voll ins Visier zu nehmen, weil das nun auch ganz bewusst das Gefühl starker Angst auslösen würde.

Denn die Neurone in der Amygdala feuern unabhängig davon, wohin unsere Aufmerksamkeit gerichtet ist, d.h.: die vegetative Reaktion bleibt voll erhalten, weil der PFC als "Entscheider" zu schwach ist, das Blaulicht in der Amygdala auszuschalten.
Wir vermeiden die volle Konzentration auf die Bedrohung, weil wir sonst von der Angst überwältigt werden. – Auch hier gilt der Satz von Bert Hellinger: *Leiden ist leichter als Lösen!*

Warum hat die Natur das Gefühl ANGST erfunden?

Angst ist in diesem Kontext **ein Gefühl** (= das Bewusstwerden einer Emotion, also eine körperliche Reaktion auf einen Reiz von innen oder außen) **das uns darauf aufmerksam machen soll, dass wir etwas in unserem Denken und Handeln ändern müssen.** Das Ziel ist immer ein „besseres Gefühl". Nur, dieses Ziel lässt sich nicht willentlich ansteuern, die Veränderungen im Denken und Handeln dagegen schon. (siehe „Magisches Dreieck").

Die neurobiologischen Mechanismen gehen dabei zurück bis auf die Reptilien und Vögel und deren Vorfahren. Sie laufen immer dann ab, wenn die Umweltbedingungen sich ändern und die bisherigen Verhaltensmuster nicht mehr zur Lösung von Problemen ausreichen.

In der akuten Phase werden unspezifisch bestimmte Bereiche im Großhirn aktiviert und gleichzeitig werden bestimmte Hormone ausgeschüttet (v.a. Adrenalin und Noradrenalin), was deutliche körperliche Reaktionen auslöst:

„Es ist ein Gefühl, das aus dem Bauch zu kommen scheint und sich bis in die Haarwurzeln ausbreitet. Wenn es ausgelöst wird, fängt unser Herz an zu rasen und der Pulsschlag pocht in unseren Ohren. Wir bekommen feuchte Hände, müssen aufs Klo, fühlen uns schlecht, ohnmächtig, alleingelassen und hilflos.“ (Gerald Hüther)
Hüther spricht hier von einer typischen „neuroendokrinen Stress-Reaktion“, oder anders gesagt: **Angst.**

Wenn wir jetzt die adäquate Lösungen für das Problem finden, ebben die Reaktionen ab, das „Blaulicht“ geht aus, und der Mensch (und in gleicher Weise auch das Tier) hat gelernt, dass er etwas tun kann, um dem Gefühl der Angst entgegenzuwirken, wir haben gelernt, dass wir „Selbstwirksamkeit“ haben. Neurobiologisch werden die aktivierten „Trampelpfade“ gestärkt und abgespeichert.

Wenn wir keine adäquate Lösung finden, bleibt das Stress-System aktiviert, der kontrollierbare Stress wird zum unkontrollierbaren Stress (die früheren Begriffe Eustress und Dystress sollte man nicht mehr verwenden). Neurobiologisch werden weitere Zwischenhirn-Kerne aktiviert und ansteigend v.a. Cortisol ausgeschüttet. Es kommt zum Dauerstress und zu Gefühlen wie Ohnmacht und Hilflosigkeit, am Ende steht z.B. die Depression. Jetzt wird es notwendig eine Neuorientierung vorzunehmen, den Dampfer zu drehen. Manchmal schaffen wir es erstaunlich lange, das Problem zu ignorieren, aber irgendwann ist der Punkt erreicht, wo auch diese Strategie in eine Sackgasse mündet. Spätestens dann sollte man sich Hilfe holen ...

Zusammenfassend kann man sagen: Kontrollierbarer Stress ist der Anstoss, sich weiterzuentwickeln und gestärkt aus der Herausforderung herauszugehen.
Das Gefühl **Angst** ist hier mit dem Einschalten der Alarmanlage vergleichbar. Beim unkontrollierbaren Stress geht das „Blaulicht“ sozusagen nicht mehr aus und begleitet uns in die Sackgasse.

Vielleicht kann man die Bedrohung durch die Corona-Pandemie auch als ein solches „Blaulicht" sehen, das der Welt zeigen soll, dass die alten Stategien wie z.B. Impfen uns zwar die akute Phase meistern lässt, aber nicht ausreicht, um den zunehmend unkontrollierbaren Stressoren, wie dem unausweichlichen Klimawandel oder dem Artensterben zu begegnen. Auch hier werden kleinere Kurs-änderungen nicht mehr ausreichen und wir müssen wohl oder übel den Dampfer „Menschliches Verhalten" deutlich stärker in eine andere Richtung drehen als bisher.

Reaktionen auf Stress – Was ist Resilienz?

"Hoffnung ist eine Entscheidung"

Rattenversuch (1949): *Zwei Ratten in je einem Käfig. Die Böden aus stromleitendem Metall, miteinander verbunden.* *Eine Trennwand verhindert Blickkontakt. Beide bekommen gleichzeitig ab und zu einen leichten Stromschlag.*	*Ratte Nr.1 (rechts) hat einen Schalter und eine Lampe in ihrem Käfig. Sie lernt: wenn die Lampe aufleuchtet und ich rechtzeitig den Schalter betätige, bekomme ich keine gewischt.* *Manchmal schafft sie es, manchmal nicht.*
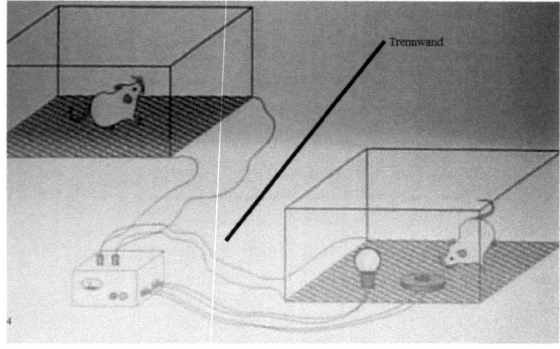	*Ratte Nr.2 (links) hat weder Lampe noch Schalter und be-kommt nur ab und zu eins überge-braten.* *Wer in diesem fiesen Versuch hat objektiv mehr Stress?* *(Cortisol-Spiegel, Hautwiderstand, Puls, Blutdruck ...)*
(nach einem Vortrag von Manfred Spitzer)	

Fast alle Patienten sagen: Ratte Nr.1 hat mehr Stress, weil die ja ständig aufpassen muss, ob die Lampe aufleuchtet und sie dann schnell genug am Schalter sein muss ...
Die Antwort ist falsch: Ratte Nr.2 hat eindeutig mehr Stress.

„Stress ist nicht die Menge an Unbill, die wir erleiden oder Arbeit, die wir leisten müssen" (Manfred Spitzer), sondern:

STRESS
= (1) Unverstehbarkeit + (2) Ohnmacht + (3) Sinnlosigkeit

(1) Ich verstehe nicht, was los ist, wie die Dinge zusammenhängen, wer agiert, mir fehlt die Orientierung.
(2) Ich kann nichts tun, fühle mich machtlos, muss die Ereignisse erdulden, wie sie kommen, mir fehlt die Kontrolle.
(3) Die Sache ergibt keinen Sinn, ich muss mein ganzes Sein, Denken und Tun in Frage stellen.

Im Umkehrschluss ergibt sich die Formel für RESILIENZ = die Fähigkeit, mit den Infamitäten und Anforderungen des Lebens umzugehen, sie wenigstens halbwegs befriedigend zu meistern - oder vielleicht sogar richtig gut:

RESILIENZ
= (1) Verstehbarkeit + (2) Selbstwirksamkeit + (3) Sinnhaftigkeit

(1) Ich verstehe die Zusammenhänge - egal ob mir die Fakten zusagen oder nicht, aber ich habe wenigstens eine Orientierung, wohin die Reise geht.
(2) Ich kann etwas tun; wieviel hängt von den Umständen ab, aber ich bin nicht völlig machtlos. Ich habe eine gewisse Kontrolle
(3) Ich sehe einen Sinn in dem, was ich tue. Ich gebe nicht auf.

In vielen Lebenssituationen, gerade in den schwierigen, kommt man mit den **folgenden Fragen** zumindest weiter:
(1) Wie sind die Fakten, die Zusammenhänge?
Wer spielt hier eine Rolle? Was müsste getan werden?
(2) Was kann ich tun? Was kann jemand anderes tun?
Welche Fähigkeiten sind gefordert? Welche davon habe ich?
(3) Was ist das Ziel? Welchen Sinn erfüllt mein Handeln?

Resilienz

Der Begriff „resilience" kommt eigentlich aus der Materialwissenschaft und bezeichnet die Fähigkeit von Werkstoffen, nachdem sie mit Anwendung von Kraft „verbogen" wurden, wieder in die ursprüngliche Form „zurückspringen" zu können. Es sind also Materialen, die ihre Form behalten, auch wenn diese durch von außen wirkenden Kräften erstmal verändert wurde. - In die psychologische Nomenklatur aufgenommen wurde der Begriff durch die amerikanische Entwicklungspsychologin Emmy Werner, auch wenn das Prinzip Jahrzehnte vorher durch Viktor Frankl schon beschrieben wurde, der mehrere Konzentrationslager überlebt hatte und in ihnen dieses Prinzip der inneren Kraftquellen entwickelt hat, v.a. durch den Aspekt der „Sinnhaftigkeit".

Neurobiologisch vemutet man, dass bei resilienten Menschen die Zentren für Angst und Stress im Gehirn nur soweit aktiviert werden, wie es für die Gefahrenabwehr bzw. Lösung des Problems notwendig ist, während viele Menschen hierzu nicht in der Lage sind und über-reagieren oder „Nebenwege" suchen, z.B. in Form von Schuldzu-weisungen. Auch hier erweist sich das Prinzip als richtig:
Löse das Problem, nicht die Schuldfrage.

Übung: **Mein Resilienz-Tagebuch**

Ich nehme mir meinen Kalender, in dem genügend Platz für einige Notizen vorgesehen ist. Dann stelle ich mir jeden Abend folgende 5 Fragen:

1-Was habe ich heute dazu gelernt? Was habe ich neu begriffen?
2-Was habe ich heute beeinflusst? Was habe ich (in meinem Leben) geändert?
3-Welchen Sinn habe ich heute meinem Leben gegeben?
4-Für was bin ich heute Abend dankbar?
5-Auf was kann ich heute stolz sein?

Versuchen Sie einmal zwei Wochen diese 5 Fragen konsequent zu beantworten. Schreiben Sie sich nicht nur die Antworten auf, sondern auch, wie Sie sich heute Abend fühlen und wie Sie sich heute Morgen gefühlt haben.

Wenn Sie wollen, benutzen Sie dafür eine Scala von 1-10 wie sie für ein Schmerz-Tagebuch üblicherweise verwendet wird.

– Ich wünsche Ihnen viele erhellende Aha-Erlebnisse.

Bedrohung, Angst, Furcht, Panik

Stellen Sie sich vor, Sie laufen durch den Wald und sehen plötzlich neben sich eine gestreifte, eingerollte Struktur, auf die Sie benahe drauf getreten wären. Sie spüren, wie Ihnen das Blut in den Kopf schießt, Ihre Atmung wird schneller, Ihre Muskeln spannen sich an und Ihnen wird etwas schwindelig. Dann realisieren Sie: das ist wohl eine Schlange. Da kennen Sie sich nicht so aus. Deshalb bleiben Sie erstmal wie erstarrt stehen, dann entfernen Sie sich ganz langsam, das Gebilde immer im Blick, vorsichtshalber heben Sie einen Prügel, der am Boden liegt auf und nehmen ihn abwehrbereit in die rechte Hand.

Sie haben hier wahrscheinlich das Gefühl **"Angst"** bzw. „**Furcht**" erlebt. Ein zentrales Alarm- und Abwehrsystem unseres Organismus, das bei Bedrohung jeder Art aktiviert wird. Über die Sinnesorgane (Sehen, Hören, Riechen, Schmecken, Fühlen) gelangen Impulse über den sensorischen Thalamus (Sie erinnern sich, unser „Tor zum Bewusstsein") zur Amygdala, wie wenn ein Blaulicht mit Martinshorn eingeschaltet wird. Alle Systeme im Körper werden in den Alarmmodus versetzt. Über das autonome Nervensystem und die Ausschüttung von Stresshormonen (Adrenalin, Noradrenalin) steigen Puls und Blutdruck, die gesamte Willkür-Muskulatur wird unter vermehrte Spannung versetzt, der Brennstoff Zucker wird vermehrt ins Blut ausgeschüttet.

Es gilt nun die Devise: **Kampf, Flucht oder Totstellen (Freezing)**.
Dieser ganze Prozess (der „schnelle Weg") läuft in ca. 200 Millisekunden ab.
Gleichzeitig gelangen die gleichen Impulse zum sensorischen Cortex (der die eingehenden Sinnesreize verarbeitet) und dem Hippocampus. Dort werden die Informationen mit der Erinnerung an ähnliche Bilder, Vorfälle, Reaktionen abgeglichen.

Der Hippocampus dient dabei als "Navi" und koordiniert die Informationen in den Kategorien **Zeit, Ort und Zusammenhang**.

Die Aufmerksamkeit wird jetzt gezielt auf das Objekt gerichtet und der PFC (wichtigste Schaltstelle für Motivation und Bewusstsein) entscheidet über die weiteren Handlungsoptionen.

Sagt mir die **Erfahrung** (= Erinnerung + Bewertung damals und aktuell), dass die Sache harmlos ist (es ist wohl doch nur eine Blindschleiche), wird der Alarm in der Amygdala wieder ausgeschaltet und die vegetativen Reaktionen heruntergefahren. Sagt mir die Erfahrung aber: Achtung Gefahr! dann wird der Alarmzustand weiter aufrecht erhalten, Amygdala und vegetatives Nervensystem sind weiter aktiviert und die Entscheidung zwischen Flucht, Kampf und Freezing ist weiterhin in der Schwebe. Dieser ganze Vorgang (der „langsame Weg") läuft in ca. 300 Millisekunden ab.

Angst (unbewusst) und Furcht (bewusst)

Der zuerst beschriebene Prozess ist ein überlebenswichtiges Alarm- und Abwehrsystem des Organismus. Sein Vorteil ist die Schnelligkeit der Reaktion, der Preis dafür, dass er weitgehend unbewusst abläuft. Wenn im zweitenTeil (dem langsamen Weg) Bewusstsein und Vernunft dazukommen, wird ein Lernprozess ausgelöst, der zwischen gefährlich und ungefährlich unterscheidet, das Ganze mit den dabei erlebten Gefühlen verknüpft und im Paket als "Furcht" abspeichert. In einer ähnlichen Situation werde ich mich erinnern und entsprechend vernünftig reagieren.

Furcht ist also ein Überlebensvorteil, wenn ich in eine problematische Situation gerate und schnell und zielgerichtet handeln muss, um eine Gefahr abzuwenden. Die Angst-Emotion und die kognitive (verstandesmäßige) Erfahrung wird dabei gemeinsam abgespeichert und zusammen mit einer – mehr oder weniger adäquaten – Handlungsanweisung abgerufen. Furcht erhöht also die Fähigkeit, eine Situation zu kontrollieren.

Eine **Panik-Attacke** hingegen zeichnet sich v.a. durch den Verlust von Kontrolle aus. Im Kap.2 beim Thema Bindung bin ich darauf eingegangen, wie Trennungserlebnis und Panik zusammenhängen, und dass die Panik im Gehirn mehr dort verortet wird, wo auch die Empfindung „Schmerz" entsteht.

Nerdbox: **Neuroendokrine Stress-Reaktion** (nach Gerald Hüther)
Die stammesgeschichtlich älteren Anteile und Mechanismen der neuroendokrinen* Stressreaktion des Menschen sind weitgehend mit denen aller
anderen Säugetiere identisch und lassen sich schon bei den Reptilien und
Vögeln nachweisen: *Verknüpfung von Nerven- und Hormon-System

- Wahrnehmung von als bedrohlich bewerteten Reizkonstellationen (Assoziations-Cortex, PFC)
- Aktivierung charakteristischer Muster im Limbischen System (v.a. in der Amygdala)
- absteigende Projektionen insbesondere zu den noradrenergen Kerngebieten im Hirnstamm dadurch Stimulation des peripheren sympathischen und adrenomedullären Systems u.a. biochemische Veränderungen
- dadurch entsteht ein sich aufschaukelndes Erregungsmuster zwischen Cortex, limbischem System und den zentralen noradrenergen Kerngebieten
- Ausschüttung v.a. von CRF (Corticotropin-Releasing-Factor) und Vasopressin
- ansteigende Ausschüttung von Cortisol – das hat viel tiefergreifendere und weiterreichende Wirkungen als das Adrenalin.
- Aus der anfänglichen Angst wird Verzweiflung, Ohnmacht und Hilflosigkeit. Die im Körper ablaufende Stressreaktion ist nicht mehr anzuhalten, sie ist unkontrollierbar geworden.
- Endpunkt: Chronischer oder nichtkontrollierbarer Stress, sofern keine Gegenregulation erfolgt, indem z.B. eine erfolgreiche Lösungs-Strategie gefunden wird.
- Oftmals letzter Ausweg: entweder den Kopf in den Sand zu stecken und so zu tun, als merke man nichts oder aber wegzulaufen.

Übung: **6 Tipps bei Panikattacken**

<u>Ziele:</u>
1) Soforthilfe in der akuten Situation
2) Verhindern, dass sich der Angstkreislauf zu stark verfestigt.

1. Atmung verlangsamen

Ganz wichtig: Die richtige Atemtechnik anwenden, während man mitten in einer Attacke steckt. - Menschen mit Panikattacken vergessen oft <u>aus</u>zuatmen, weil sie zu sehr damit beschäftigt sind, Luft in ihre Lungen zu bekommen.

Atmen Sie langsam und tief durch die Nase ein, bis sich Ihr Bauch mit Luft gefüllt hat, und atmen Sie durch den Mund wieder aus, wobei Sie etwas die Lippen spitzen können (wie beim Pfeifen, sog. „Lippenbremse", dadurch wird die Ausatmung verstärkt). Versuchen Sie dabei die einströmende Luft in der Nase zu spüren und zu fühlen, wie sich Ihre Bauchdecke hebt und wieder senkt.

Sie können auch eine Hand auf Ihren Bauch legen, damit es Ihnen leichter fällt, sich auf das Heben und Senken Ihres Bauches zu konzentrieren. Achten Sie auf Ihren Atem und achten Sie darauf, dass Sie in das Zwerchfell oder den Bauch, anstatt in die Brust atmen.

Konzentrieren Sie sich so lange auf Ihre Atmung, bis sich Ihre Angst wieder gelegt hat und sich Ihr Herzschlag verlangsamt.

Gegen Hyperventilation hilft es, 10-15 Sekunden die Luft anzuhalten oder in eine Papiertüte "zurück" zu atmen.

2. Wasser trinken

Ein weiterer einfacher, aber sehr effektiver Trick ist das Trinken von kaltem Wasser. Am besten haben Sie also immer eine Wasserflasche mit dabei.

Trinken Sie mit Bedacht ein paar Schlucke Wasser – dies lenkt den Körper ab und die Atmung wird durch das Trinken automatisch verlangsamt. Viele Betroffene finden es zudem angenehm, sich bei einer Panikattacke Wasser ins Gesicht zu spritzen oder über die Hände und Unterarme fließen zu lassen.

3. Progressive Muskelentspannung

Ballen Sie die rechte Hand zur Faust, dann spannen Sie den Unterarm und den Oberarm an – halten Sie die Spannung ca. 10 Sekunden,

wichtig: atmen Sie dabei normal weiter - dann lassen Sie die Spannung fallen. Machen Sie danach 3 entspannende Atemzüge.

Danach das Gleiche mit der linken Hand und dem linken Arm.

Danach spannen Sie den Po und beide Oberschenkel an,

halten wieder 10 Sekunden die Spannung und atmen Sie dabei normal weiter – dann die Spannung loslassen, alles fallen lassen.

Es folgen noch einmal 3 entspannende Atemzüge in den Bauchraum (siehe 1.).

4. Konzentration auf die sinnliche Wahrnehmung im Hier u. Jetzt

1-Sehen Sie sich um und benennen Sie drei Dinge die Sie sehen.

(z.B. eine Tür, die Farbe der Wand, ein Fenster etc.)

2-Schließen Sie die Augen und lauschen Sie in Ihre Umgebung, und benennen Sie drei Geräusche, die Sie hören.

(z.B. eine Stimme, das Ticken der Uhr, ein Auto das vorbeifährt)

3-Fühlen Sie, was Sie mit Ihrem Körper wahrnehmen, und benennen Sie drei Eindrücke, die Sie fühlen können (z.B. den Druck im Po, auf dem Sie sitzen, oder wie die Füße auf dem Boden stehen, die Hände liegen auf der Stuhllehne)

4-Wiederholen Sie das Ganze mit zwei Dingen, die Sie sehen, zwei Geräuschen, zwei Eindrücken (es können auch die gleichen sein)

5-Wiederholen Sie das Ganze mit einer Sache, die Sie sehen, ein Geräusch, ein Eindruck (es können auch die gleichen sein)

6-Dann lächeln Sie und spüren Sie, wie wohlig sich Ihr Körper anfühlt.

5. Akzeptieren Sie die Attacken (Achtsamkeits-Methode)

Sie müssen sich für Ihre Panikattacke nicht schämen. Gegen sie anzukämpfen kann sogar hinderlich sein. Lassen Sie die Gefühle – körperlich und emotional – zu, ohne sich auf sie zu fixieren. Werden Sie sich zwar darüber bewusst, was während der Panikattacke passiert, steigern Sie sich aber nicht hinein.

Versuchen Sie sich „von außen" zu beobachten.

Denken Sie immer daran, dass die Attacke nach 10, 15 oder spätestens 30 Minuten wieder vorbeigeht.

Dabei können Ihnen Sätze wie "Ich bin stark und überstehe das" oder "Ich habe die Kontrolle", helfen. Manchmal auch: „Ich bin Profi" o.ä.

Versuchen Sie sich vielleicht an Situationen zu erinnern, in denen Sie stark waren. (vorher üben, evtl. aufschreiben oder Bild suchen)

6. Der Panikattacken-Notfallkoffer

Stellen Sie sich für den Fall einer Panikattacke einen Notfallkoffer zusammen. Zum Beispiel eine Notiz auf Ihrem Handy oder in Ihrem Portemonnaie.

Schreiben Sie hier 5 Dinge auf, die Ihnen beim Anflug der Panik helfen können: Atmung, Entspannung, Sätze der Kraft, ein Bild oder eine Melodie, die Ihnen persönlich helfen.

Die Welt erschau in einem Korn aus Sand,
den Himmel im Wiesengrunde.
Das Unendliche fang in der Hand.
die Ewigkeit in einer Stunde.
(William Blake, aus den „Auguren der Unendlichkeit")

......

Das „Körpergedächtnis"

Problematisch wird es, wenn die Erinnerungen an die konkreten Umstände verblassen, der emotionale Teil, also die Reaktion der Amygdala und des vegetativen Nervensystems als "Körpergedächtnis" aber gespeichert bleibt.

Die Projektionsbahnen vom "alten" Zwischenhirn (v.a. Amygdala, Thalamus und Hippocampus) zum "neuen" Großhirn sind sehr viel stärker ausgebildet, als umgekehrt. Unsere Gefühle bestimmen daher oft sehr stark unser Denken und Handeln, während es umgekehrt oft sehr schwer bis unmöglich ist, mit Logik und Denken unsere Gefühlswelt zu beeinflussen.

Viele Angstreaktionen werden ohne jede Beteiligung des Bewusstseins abgespeichert. Sie werden dann auch ohne bewusste Erinnerung an die damals zugrundeliegende Situation reaktiviert. Gerade dieses "ich weiß nicht was los ist", ist ein sich selbst verstärkender Prozess, der therapeutisch oft schwierig zu bewältigen ist. Analytische und tiefenpsychologische Therapieverfahren versuchen mit Gesprächen, ggf. Hypnose u.ä. an die Quelle der Angst heranzukommen, scheitern jedoch häufig an den oben beschriebenen neurobiologischen Gegebenheiten.

Verhaltenstherapeutische Verfahren konzentrieren sich weniger auf den Grund der Angst, sondern stattdessen weitgehend auf die Bewältigung derselben durch lerntheoretisch untermauerte Übungen. Wahrscheinlich liegt der beste Weg darin, beides in den Blick zu nehmen und dabei die ganz individuelle Persönlichkeitsstruktur des Patienten zu berücksichtigen.

Es kommt noch ein weiterer Aspekt dazu, wahrscheinlich der wichtigste Faktor für den ungeheuren Erfolg unserer Spezies gegenüber allen anderen Tierarten auf diesem Planeten: Die Fähigkeit, sich Dinge vorstellen zu können, die nur in unserem Gehirn entstanden sind und bestehen. Eine Fähigkeit, die erst die Kommunikation und Zusammenarbeit von vielen verschiedenen "Horden" möglich ge-

macht hat und Ideologien, Religionen, Weltreiche, Geldverkehr und nicht zuletzt die Globalisierung hervorgebracht hat.
(sehr gut beschrieben in: "Eine kurze Geschichte der Menschheit" von Yuval Noah Harari).
Nochmal: Das Problem ist, dass unsere Amygdala keinen Unterschied macht zwischen vorgestellten und realen Bedrohungen und auf beides gleichermaßen reagiert.
Die Reaktion ist, wie bei der Angst beschrieben, v.a. auch körperlich, ohne dass dem Bewusstsein ein realer Grund präsentiert wird. Damit entfällt die konkrete vernünftige Problemlösung, anders als bei der Furcht. Bleibt dieser Zustand länger erhalten oder überschreitet eine bestimmte, individuelle Grenze, entsteht das Gefühl von Hilflosigkeit, Ausgeliefertsein und letztendlich eine generalisierte Angsterkrankung oder eine Depression.

Die Amygdala als Generator der Xenophobie
(= Angst vor dem Fremden) (nach Grawe)
Angst hat evolutionär einen Überlebensvorteil, wenn ich mich unbewusst – also sehr schnell – an eine gefährliche Situation erinnere und entsprechend reagiere. Das gilt insbesondere bei Begegnungen mit anderen Menschen. Wir lebten bis vor garnicht langer Zeit in Horden von vergleichsweise wenig Individuen, denen wir schon deshalb vertrauen konnten, weil sie zur gleichen Horde gehörten wie wir.

Unsere Amygdala generiert nicht nur Emotionen, sondern bewertet auch Emotionen bei anderen Menschen. (Personen mit geschädigter Amygdala sind dagegen nicht mehr in der Lage, die Emotionen zu erkennen, die andere mit ihrem Gesicht und der Stimme ausdrücken.) Die Amygdala reagiert im Normalfall nicht nur extrem schnell – und unbewusst, d.h. ohne dass wir es wahrnehmen – auf kleinste Anzeichen von Angst, Wut oder Ärger in anderen Gesichtern, sondern auch auf Merkmale, die von den Merkmalen der eigenen Horde abweichen. So reagiert die Amygdala von weißen Amerikanern auf unbekannte Afroamerikaner auch dann, wenn diese ganz neutral oder freundlich schauen und auch dann, wenn diese Gesichter nicht bewusst wahrgenommen werden. - Dies erklärt so manches Vorurteil. Wir haben sozusagen eine **angeborene Xenophobie**.

Dass wir uns heute als Weltbürger sehen können, ist eine kulturelle Leistung, bei der wir die Biologie immer wieder überwinden müssen. In Zeiten der Globalisierung ist das ein Überlebensvorteil. Allerdings zeigen uns immer wieder bestimmte Ereignisse (z.B. Corona oder der Jugoslawien-Krieg), wie sehr wir noch in diesem biologisch bedingte Horden-Denken verwurzelt sind und wie schnell Biologie über Kultur siegt.

Kann Angst „gelöscht" werden?

Wie schon erwähnt, sind die Verbindungen zwischen Großhirn und Amygdala etwas einseitig ausgebildet. Es bestehen viele Projektionen in die eine Richtung, von der Amygdala in praktisch alle Regionen des Großhirns, aber nur wenige Projektionen in die umgekehrte Richtung. Daher kann eine abgespeicherte Angst nur sehr schwer über die Vernunft (Großhirn, Bewusstsein) wesentlich beeinflusst werden. Ein "Überschreiben" oder Löschen ist fast unmöglich. Was aber geht, ist der Aufbau von alternativen Trampelpfaden, die durch Übung immer breiter werden und die Dominanz der "alten Wege" in den Hintergrund drängen. So wie nicht befahrene Straßen und Wege zunehmend "überwachsen" werden, aber immer noch da sind. Und genau darauf müssen wir immer achten: die "alten Wege" (Glaubenssätze!) sind noch da und können sehr schnell wieder reaktiviert werden. Sie sind viel stärker mit den abgespeicherten unbewussten Emotionen verknüpft, als die "neuen Wege". Sie werden daher umso schneller wieder reaktiviert und dominant, je emotionaler das Problem ist, um das es geht.

Durch entsprechende Übungen, können neue Wege entstehen, und genau darin liegt der Sinn von Psychotherapie: Neue Trampelpfade anlegen und dafür sorgen, dass sie breiter werden.

Angst kann also nicht "gelöscht" werden, aber sie kann – v.a. durch verhaltenstherapeutisches Training - gehemmt werden. Ein guter Therapeut sorgt dabei für eine gute Beziehung zum Patienten, die ihm Sicherheit gibt, indem er Kompetenz, Verständnis und persönliches Engagement ausstrahlt. Der Patient soll dabei möglichst viele Wahrnehmungen erleben, die mit seinen wichtigsten inneren Werten und Zielen korrelieren. Dabei sollen seine positiven Fähigkeiten und Ressourcen zum Einsatz kommen und möglichst viele positive Emotionen für ihn erlebbar werden. Der Klient soll erleben, dass er kompetent ist, Lösungen zu finden. All das findet neurobiologisch seinen Niederschlag in gut gebahnten angsthemmenden Nerven-verbindungen (Synapsen).

In einer guten Psychotherapie sollte es eigentlich immer darum gehen, auf ein Ziel hinzuarbeiten, anstatt ein Problem abzuwehren oder vor ihm wegzulaufen.

Im NLP heißt es dazu wie schon erwähnt:
"towards to" statt **"away from"**.

Oder: wie kann ich mich selber motivieren, ein Ziel anzusteuern, anstatt vor vielen Gefahren wegzulaufen, was meistens eh nicht funktioniert. - So ist es oft wesentlich leichter und effektiver, als „Scharfschütze" ein Ziel ins Visier zu nehmen, als sich rundherum 360 Grad abzusichern.
Im Fall der Angstbewältigung heißt das:
Statt: "wie kann ich der Angst entkommen" wird der Fokus verschoben auf "wie kann ich mit der Angst kompetent umgehen, so dass sie irgendwann kaum noch eine Rolle mehr in meinem Leben spielt?".

„In Psychotherapien geht es ganz allgemein oft darum, etwas Problematisches wirksam zu hemmen, weil „Wegmachen" oder „Ausradieren" eben nicht geht. Das führt zu einer Verschiebung des Fokus von dem, was problematisch ist, zu dem, was an seine Stelle gesetzt werden soll." (Grawe)

Angst als Reaktion auf unvereinbare Ziele und Motive

Stress senkt häufig die Schwelle für eine Angststörung, macht den Betroffenen anfällig für Angst, ohne jedoch die Art der Störung zu diktieren. Latent vorhandene Verbindungen im Gehirn (cell assemblies) können durch anhaltenden Stress gewissermaßen aus ihrem Schlummer „ geweckt " werden , sodass unter Stress plötzlich psychische Störungen auftreten , bei denen man es schwer hat , einen unmittelbaren Zusammenhang zwischen der Art der Belastungen und der Art der Störung zu erkennen .

„Da Angst oft unbewusst entsteht, wird sie nicht als solche wahrgenommen. Schwach konditionierte Furchtreaktionen können bei Stress stärker werden. So kann eine Schlangenphobie, die seit Jahren abgeklungen ist, beim Tod eines nahe stehenden Menschen wieder auftreten. Eine milde Form von Höhenangst, die im Alltag keine Probleme verursacht, könnte sich unter verstärkendem Einfluss von Stress in pathologische Angst verwandeln." (Grawe)

Daher ist es sinnvoll, bei Angsterkrankungen immer genau nachzu-fragen: wann, in welchem Zusammenhang, mit welchen Beziehungen etc. ist die Angst aufgetaucht, bewusst bzw. stärker geworden, um damit den eigentlichen Motiven für die Angst auf die Spur zu kommen.

Auch hier ist es wichtig, immer wieder nachzufragen: Was ist das Ziel? Wo soll die Reise hingehen? Was genau soll sich verändern? Oder anders ausgedrückt: weg von der (unbewussten) Ohnmacht, hin zur (bewussten) Wirkmacht.

156

Welchen Sinn hat das „Grübeln"? (nach Grawe)

Die an der Angstreaktion beteiligten Schaltkreise können über das Frontalhirn (für die Nerds: Präfrontaler Cortex + Cingulärer Cortex + orbitale Region) aktiv gehemmt werden. Der PFC und die Amygdala scheinen dabei in einer reziproken Beziehung zueinander zu stehen. Eine starke Aktivierung der Amygdala schaltet den medialen PFC ab (Angst und Stress hemmen bekanntlich das logische Denken, was wir z.B. aus dem Mathematik-Unterricht gut kennen, wenn wir an die Tafel gerufen werden), umgekehrt kann der PFC die von der Amygdala ausgehenden Erregungen in anderen Hirngebiete hemmen, z.B. indem wir ganz bewusst die Atmung kontrollieren. Wir hemmen damit über den PFC nicht nur die Amygdala sondern auch die vegetativen Reationen (Hypothalamus, Hypophyse), die über sie ausgelöst werden.

Schädigungen in diesem Gebiet können zu stark perseverierendem Verhalten führen: d.h. **das Denken findet im Kreis statt**. Es werden die immer gleichen Denk-Schleifen in den Arbeitsspeicher geladen, der damit für eine eigentliche Problemlösung nicht zur Verfügung steht. Das nennt man **Grübeln** und findet natürlich häufig auch ohne eine physische Schädigung des PFC statt. Wie am Anfang des Kapitels beschrieben (das „Kaninchen-vor-der-Schlange-Syndrom") wird dadurch u.a. versucht, das Angst-Gefühl vom Bewusstsein fernzuhalten.

All dieser Gedankenmob, die Pläne, Spekulationen, Sorgen, Wünsche, Launen, Vorurteile groß und klein, brauchbar und überflüssig, verpöbeln mir die Seele, ... während die Gottheit ihr Bestes tut, mich mit der Glorie eines Sonnenaufganges zu unterhalten!

(Prentice Mulford: aus „Vom Unfug des Lebens und Sterbens")

A ship in the harbour is safe – but that is not what ships are built for (John A. Shedd)

Stellen Sie sich folgende Situation vor: Sie sind beim Klettern in den Alpen und stehen auf einem Felsvorsprung. Sie müssten jetzt den Schritt über einen Abgrund tun, um ...
a) weiterzukommen und b) wieder auf sicheres Terrain zu kommen.
Dabei müssen Sie aber Ihren sicheren Platz verlassen und für einige Sekunden die Unsicherheit aushalten, die mit dem Schritt über die Felsspalte verbunden ist.
Sie bleiben wie erstarrt stehen, aus Angst, bei diesem Schritt abzustürzen, und Ihr Begleiter muss mit Engelszungen auf Sie einreden, damit Sie beide weiterkommen.

Psychotherapie hat immer das gleiche Ziel: **Veränderung!**
Aber dieses Ziel ist oft mit großer Angst verbunden. Die Situation kann so bescheiden sein, wie sie ist, aber ich kenne sie, ich weiß was mich erwartet, ich kann mehr oder weniger damit umgehen.

Oft ist es dann sehr schwierig, den „Sicheren Hafen" aufzugeben und ins Ungewisse zu segeln. Denn genau das erwartet mich erst einmal: ICH ändere mich, die Situation ändert sich, aber ich weiß nicht genau in welche Richtung.

Wir müssen uns immer klar machen, dass das Festhalten an „Bewährtem" auch ein großes Maß an Kontrolle bedeutet. Wir erinnern uns: das Grundbedürfnis nach Kontrolle ist das erste Grundbedürfnis in unserem Leben, das alle weiteren Bedürfnisse beeinflusst. Wenn wir uns für diesen mehr-oder-weniger kurzfristigen „Kontrollverlust" entscheiden sollen, dann muss der Leidensdruck groß genug sein, um wie bei den Bremer Stadtmusikanten zu sagen: Was besseres als den Tod (die bisherige Situation) findet sich auf jeden Fall.

Kapitel 8

Lerne, die Momente
des Glücks zu genießen

*„Wie schön das **Lernen** doch am Anfang des Lebens noch war, wie wunderbar dieses Schnüffeln und Forschen und einer Spur folgen. Wie großartig, lernen zu dürfen! - aber in der Schule soll dieses Lernen im Sitzen stattfinden. Wenn es Auslauf gibt, dann nur auf einem engen Hof, und auch nur, wenn vorher eine Glocke ein Signal gegeben hat. Die Zeit – vorher so endlos wie der Raum – wird jetzt portioniert, zerstückelt in Einheiten von 45 Minuten."*
(Gerald Hüther, "Würde")

Die Suche nach dem „Sinn des Lebens"

Es gibt sehr viele Bücher über „Glück" oder den „Sinn des Lebens". Allen gemeinsam ist eine deutliche Heterogenität und nahezu Hilflosigkeit, diese Begriffe allgemeingültig zu definieren.

Biologisch gesehen, ist der Sinn aller Bemühungen im Leben:

Dass es weiter geht.

Das Leben an sich. Selbsterhaltung, Weitergabe und Fortentwicklung des Lebens, auch indirekt durch Unterstützung der Gemeinschaft, in dem das Individuum lebt. Das gilt für alle Tiere, Pflanzen und sonstigen Ausformungen des Leben.

Der Mensch ist dabei nach derzeitigem Wissensstand die einzige Lebensform, die Fragen stellen kann über diese Begriffe, die einen „Sinn suchen" kann, bzw., sich selber einen solchen geben kann.

Man könnte statt Sinn des Lebens auch sagen: Konzentration auf das Wesentliche. Wobei jeder für sich rauskriegen muss, was für ihn das Wesentliche ist. Diese Frage ist manchmal schwer zu beantworten.

V.a. wenn man in einer schwierigen Lebensphase feststeckt, z.B. einer Art von Depression, die wirklich jeden erwischen kann.

Sie können nicht ständig nach dem Sinn suchen, dann werden Sie verrückt. Aber manchmal gibt es Sinn, sich eine begrenzte Zeit zu besinnen: Was <u>will</u> ich mit meinem Leben anfangen, was <u>kann</u> ich mit meinem Leben anfangen - das geht. Manche gehen dafür ins Kloster, begehen eine Fastenzeit, manchmal reicht es auch, sich auf eine Wiese zu setzen.

Die Suche nach dem Sinn scheint immer schwieriger zu werden, da unsere Welt immer komplexer wird und sich die etablierten Strukturen immer mehr auflösen.
Nachfolgend einige persönliche und damit natürlich sehr subjektive Überlegungen zu einigen Möglichkeiten der Sinn-Suche. Selbstverständlich ohne Anspruch auf Vollständigkeit.

Unsterblicher Ruhm
1860 wurden in den USA jeden Tag 5 Briefe verschickt. Heute werden jeden Tag über 150 Milliarden E-Mails verschickt, über 500 Millionen Tweeds, ca. 16 Milliarden Wörter auf Facebook und etwa eine Million Blogs. Innerhalb von 60 Minuten werden 6.000 Stunden YouTube-Videos hochgeladen und über 21.000 Fernsehsender auf der Welt produzieren 85.000 Stunden Fernsehsendungen – jeden Tag! Durchschnittlich speichert jeder von uns auf seinen Laptops, Smartphones etc. ca. eine Million Bücher.
Das ist die Welt, in der jeder für 15 Minuten berühmt sein kann (Andy Warhol). Die neuen Medien überschwemmen den Markt für Aufmerksamkeit derart, dass jede Art von Ruhm darin untergeht, nachdem er kurz im strahlenden Licht war. Die Menschen vergessen immer schneller, weil immer schneller ein neuer Stern aufgeht. Trotzdem können Sie heute noch berühmt werden. Entweder tatsächlich durch außergewöhnliche Leistungen, oder aber dadurch, dass sie zufällig zur richtigen Zeit am richtigen Ort waren und die

richtigen Leute kennen gelernt haben. Aber „Unsterblich"? Bei dieser Dynamik eher unwahrscheinlich. Und wirklich erstrebenswert? Was ist der Preis? Mein Tipp: mehr Gelassenheit.

Religion

Religion gibt es seit zig-tausenden von Jahren. Wahrscheinlich seit der Zeit, als der Mensch so etwas wie Selbst-Bewusstsein entwickelt hat. Allen Religionen gemeinsam ist die Idee von einem Leben nach dem Tod. Diese Idee wurde „erfunden" um den Schock zu mildern, der fast immer eintritt, wenn einem Menschen bewusst wird, dass er unweigerlich sterben wird. Diese Idee wurde dann in sehr unterschiedlicher Weise ausgeformt. Dabei entstanden sehr komplexe Ideen-Gebäude und v.a. Machtstrukturen, die meistens sehr schnell viel wichtiger wurden, als die eigentliche Idee. Das Ganze wird immer absurder, je mehr man darüber klar nachdenkt. V.a. wenn der Glaube an ein Leben <u>nach</u> dem Tod Veränderungen im Hier und Jetzt verhindert. Noch nie hat sich ein Atheist in die Luft gesprengt. Und der Hinweis auf den „Willen Gottes" der angeblich irgendjemandem offenbart wurde und der deshalb weiß, was richtig und falsch ist, hat mir zu oft für alle möglichen und vorstellbaren Gräultaten gedient.

Ein Wirtschaftsimperium aufbauen

In unserer globalisierten Zeit wechseln Firmen derart rasant die Besitzer, dass Traditionsfirmen wie z.B. Schering immer weniger wahrscheinlich werden, da diese an Menschen gebunden sind, die immer auswechselbarer werden. Es braucht schon seit Jahrzehnten soviel Kapital, um eine entsprechend große Firma aufzubauen, dass einzelne Unternehmer kaum noch dazu in der Lage sein werden. Ausnahmen gibt es zwar noch (Marc Zuckerberg, Bill Gates, Steven Jobs etc.), aber es wird sicher immer schwieriger werden. Die haben ihre Firmen aufgebaut, als die Technologie noch neu war und eine Goldgräberstimmung da war. Das kann bei neuen Technologien immer noch vorkommen, aber es wird sicher immer schwieriger werden und v.a. schneller vorbeigehen. Der Chef von BASF sagte einmal: es wird nie wieder ein einzelner Chemiker eine Formel entwickeln, die es als Produkt zur Marktreife schafft. Diese Formeln sind alle entwickelt und bekannt. Innovationen brauchen heute Tausende von Entwicklern, Milliarden an Kapital, und dann muss noch die Zeit reif sein, für ein erfolgreiches Produkt.

Geld und Güter anhäufen

Hat noch nie als Sinn-Inhalt geklappt, weil es prinzipiell keinen Sättigungsgrad gibt und es ab einem bestimmten Punkt absurd wird. Das lässt sich auch sehr gut neurophysiologisch begründen. Wie wir im nächsten Abschnitt sehen werden, gibt es einen Bereich in unserem Gehirn, den **Nucleus Accumbens**, der uns das Gefühl von Glück vermittelt, indem es eine "Dopamin-Dusche" in unserem Gehirn auslöst. Man hat gemessen, wie lange dieser Bereich aktiv ist, wenn wir z.B. etwas Neues einkaufen: ganze 10 Sekunden bis maximal 18 Minuten! Danach ebbt die Dopamin-Ausschüttung ab, und die Stimmung wird wieder neutral oder sogar etwas schlechter. Also müssen wir den Vorgang wiederholen, evtl. die Frequenz steigern oder den Einsatz. In dieser "Hedonistischen Tretmühle" kann kein dauerhaftes Glücks-Gefühl entstehen, da sie immer von äußeren Umständen abhängig ist, die wir nur sehr begrenzt beeinflussen können. Das Gleiche gilt natürlich auch für die Suche nach immer mehr Macht, Einfluss, Suche nach Bedeutung, v.a. bei Männern.

Hedonismus

Für die Suche nach Lustbefriedigung gilt genau das Gleiche. Funktioniert nur, wenn gleichzeitig eine gewisse Gelassenheit dazu kommt, wie bei den Stoikern, was aber die Gefahr beinhaltet, dass es irgendwann in Sarkasmus umschlägt. Macht auch nicht gerade glücklich. Viele versuchen den Zustand der Befriedigung durch die Einnahme von Drogen zu erreichen. Außer der Gefahr der physischen Abhängigkeit gibt es dabei noch eine große Gefahr: Da die biochemischen Mechanismen im Gehirn, die für das Glücksgefühl zuständig sind, durch Drogen um das Vielfache aktiviert werden (bei

162

Kokain z.B. um den Faktor 1000) wie bei den normalen Stimulanzien (z.B. Schokolade, ein Kuss oder ein Lächeln), stumpfen wir gegen diese sehr schnell und konsequent ab und entwickeln ein unstillbares Verlangen nach den "Drogen", und wir brauchen entweder immer mehr vom Gleichen oder noch stärkeren Stoff. Zu diesen Drogen gehören auch bestimmte Verhaltensmuster, wie sie bei Spielsucht, Internetsucht oder Sexsucht beschrieben werden. – Auch kein dauerhaftes Ziel. Vor allem, da hierbei das Grundbedürfnis nach Bindung erheblich leidet und in den Hintergrund tritt.

Reproduktion

Sie können sich schon seit über 20 Jahren die „richtigen" Spermien besorgen, mit etwas mehr Aufwand auch das richtige Ei und vielleicht sogar noch die richtige Leihmutter. Auch das eigentliche „Genetic Engineering" schreitet unaufhörlich voran und eröffnet ungeahnte Möglichkeiten. Wenn Designer-Babys irgendwann Standard werden, vielleicht sogar als Statussymbol, wird die klassische Methode zunehmend zum Auslaufmodell für die Loser werden. Wieder eine Kluft zwischen Arm und Reich.

Und glücklich? Glück findet im Gehirn statt, und das ist eine ständige Baustelle, abhängig von den Außenbedingungen (Stichwort: nutzungsabhängige Plastizität). *„Wenn das Gehirn ein Haus ist, liefert die Genetik nur das Material für den Hausbau"* (Gerald Hüther).

Ob das Haus dann eine Villa, eine Hütte oder eine Bruchbude wird, entscheiden ganz viele Variablen, von denen wir nur wenige wirklich in der Hand haben. V.a. die Frage nach dem sozialen Netz ist hierbei entscheidend. - Um im Bild zu bleiben: wächst der ersehnte Nachwuchs in einer Einraumwohnung, einem Einfamilienhaus oder Mehrfamilienhaus auf, und wird er in ein Dorf, eine Stadt oder eine ganz andere community integriert?

Sie haben es natürlich gemerkt, ich rede im vorigen Abschnitt vom Kind als Statussymbol. Selbstverständlich sind Kinder meistens – leider nicht immer – eine Quelle großen persönlichen Glücks, aus vielerlei Gründen. Aber dies gehört eigentlich in die folgende

Kategorie, in der es um Neugier, Freude am Entdecken und dem Beobachten einer Entwicklung (des Kindes) geht.

Suche nach Erkenntnis und Weisheit
Vielleicht der einzige Sinn-Inhalt, der dauerhaft sein kann. Die Welt verstehen, ohne sie unbedingt im Großen verändern zu wollen. Den Irrsinn ertragen lernen, ohne daran zu verzweifeln. Vielleicht die wahre Lebenskunst. Wobei Weisheit ein großes Wort ist. Auch hier hege ich Zweifel, dass es ein Dauerzustand sein kann. Aber wir sollten dankbar sein, für jeden Versuch, diesen Zustand wenigstens für die wichtigen Entscheidungen zu erreichen.
Zumindest bleibt noch die Möglichkeit, seine Welt im unmittelbaren Umfeld zu beeinflussen, aber eigentlich nur dadurch, dass man sich selber immer wieder verändert (Mobile-Modell) Ich verändere das einzige Teilstück, das ich wirklich verändern kann, nämlich mich selber, und dann verändert sich etwas in meiner Umwelt. Man kann es Demut nennen, und dies wäre dann ziemlich nahe an der Weisheit.

Und damit sind wir bei der Frage:
Wo sitzt das „Glück" in unserem Gehirn?

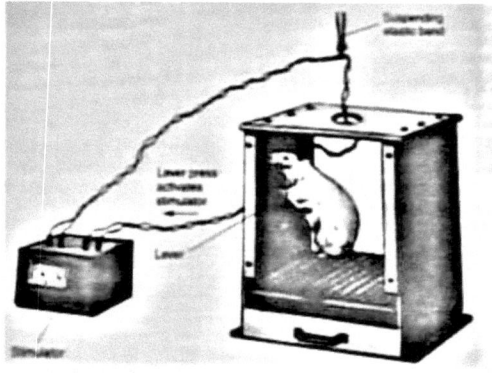

(nach einem Vortrag von Manfred Spitzer)

164

Die Ratte, die Sie oben in ihrem Käfig sehen, hat eine Elektrode, die zum **Nucleus accumbens** im Zwischenhirn führt. Über diese Elektrode und einen Schalter kann sie sich in diesem Bereich stimulieren. Das wird sie eventuell solange tun, bis sie stirbt, weil sie darüber essen, trinken und alles andere vergisst! Man hat daher diesen Bereich im Gehirn auch als **Lust-** oder **Sucht-Zentrum** bezeichnet.

Es ist aber ganz allgemein unser **Belohnungszentrum**, das die grundlegenden Bedürfnisse bei uns und auch bei den Tieren steuert. Der Mensch hat allerdings das größte Belohnungsystem aller Tiere.

Der Ncl. accumbens ist in Zusammenarbeit mit noch einigen anderen Bereichen des Gehirns notwendig für das Überleben, da er dafür sorgt, dass wir uns um unser Wohl kümmern. Er ist sozusagen das „Ego" im Gehirn. Wenn man ihn bei Tieren chirurgisch zerstört, hört das Tier auf zu fressen, zu saufen und sich fortzupflanzen.

Das System wird immer dann mit einer „Dopamindusche" überflutet, wenn wir etwas erfahren oder erleben, das **neu** und **positiv** besetzt ist. Damit ist der Ncl. accumbens sozusagen der Gegenspieler der Amygdala, die nicht weit entfernt ist und die immer aktiviert wird, wenn etwas neu ist und negativ bewertet wird oder schrecklich ist. Beide stehen für schnelles Lernen. Manfred Spitzer bezeichnet diesen Bereich daher auch als unseren **„Lernturbo"**.

Das Neuro-Hormon **Dopamin** ist notwendig, um etwas Neues ins Langzeitgedächtnis abzuspeichern, das positiv bewertet wird. Z.B. gutes Essen (schon der Geruch reicht aus), Schokolade, aber auch eine Umarmung, Zärtlichkeiten, ein Lächeln des Gegenüber u.ä. -
Auch wenn wir „Spaß haben", also auch beim Humor steigt der Dopaminspiegel in unserem Belohnungssystem.

Das Problem ist, dass es auch aktiv wird, wenn das Falsche belohnt wird. Er spielt daher die zentrale Rolle bei allen Süchten. Sowohl den Substanzsüchten (Kokain, Cannabis oder Zucker), als auch den Verhaltenssüchten (Kaufsucht, Sexsucht, Spielsucht etc.).

Das zweite Problem ist, dass es die **schnelle Belohnung** bevorzugt und nicht auf längerfristige Belohnungen bzw. Folgen der Belohnung programmiert ist.

Für vorausschauendes Verhalten und die Bändigung des „inneren Schweinehundes" müssen wir den PFC, unseren Wirklichkeits-generator und Entscheider einschalten (siehe dort). **Wir sollten also immer wieder mit dem Verstand reflektieren, mit was wir uns belohnen.**

Wird dieses System über- oder dauerstimuliert, verlieren alle anderen Bedürfnisse ihren Wert. Hier liegt das Fatale bei Sucht-Giften und -Verhalten. Während die „normalen" Reize die Aktivität um 50-80% steigern, stimuliert Kokain dieses System wie schon erwähnt ca. 1000fach stärker als alles andere. Man kann es auch mit einem Superorgasmus vergleichen. Dadurch wird es herunterreguliert, und damit treten alle sonstigen Reize und die sonstigen Motive für unser Handeln in den Hintergrund, werden fad und bedeutungslos. Der Bereich wurde daher früher als Sucht-Zentrum bezeichnet, und es wird klar, warum ein Opiat-Entzug so schwierig ist. (Die Rückfall-quoten bei fast allen Suchterkrankungen liegen um die 85%)

Also: Dauer-Glück gibt es nicht. Das wussten schon die Stoiker, und auch der Buddhismus beruht auf dieser allgemeinen Erkenntnis. Allerdings: Die grundlegende Idee des Buddhismus ist die Bedürfnis-losigkeit, ein Leben ohne Verlangen – vielleicht auch nicht das, was wir uns wirklich wünschen?!

Aber: **Dauer-Lernen** - das geht. Weil Lernen prinzipiell kein Ende hat. Nochmal Gerald Hüther: *„Wir besitzen ein Gehirn nicht, um Erkenntnisse und Glück zu erlangen, sondern um uns in der Welt zurechtzufinden.".* Und da sich die Welt ständig ändert, hört Lernen bis zum Tod nicht auf. – So hängen Glück und Lernen dicht beeinander.

Es ist also sehr sinnvoll, für Neues Erleben, z.B. neue Menschen, neue Länder etc. kennen lernen, Geld auszugeben. Das tiefste Glück erlebt man, wenn man Erlebnisse teilen kann. Selbst wenn's mal schief geht: *„die Unbill von heute ist die Story von morgen" (Spitzer)* D.h. auch, die Schule als „Ernst des Lebens" zu bezeichnen und sie damit negativ zu besetzen ist falsch, falscher geht's nicht. Sie sollte eigentlich der Ort sein, wo Kinder und Jugendliche erfahren, was wirklich glücklich macht. – Also: **Burn on statt burn out!**

Wie kann ich meinen Frust optimieren?

Frust können wir in diesem Kapitel als Gegenteil von Glück bezeichnen. Neurobiologisch entsteht Frust, wenn Ziele nicht erreicht werden, Motivationen enttäuscht werden. Ich habe beides an anderer Stelle ausführlich dargestellt. (siehe KONGRUENZ)

Es gibt eine bewährte Methode, um Frust zu optimieren, wenn wir folgende Gleichung aufmachen:

Frust = Erwartetes geteilt durch Erreichtes bzw. „die Realität"

Ein Beispiel: Drei Verkäufer haben den gleichen Umsatz erreicht

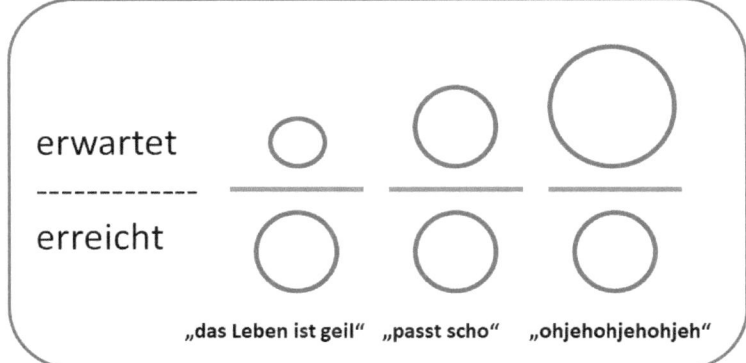

Wenn Sie also Ihren Frust optimieren wollen – dann schrauben Sie Ihre Erwartungen möglichst weit nach oben. Sie können den Mechanismus besonders effektiv machen, indem Sie die Bewertung Ihres Erfolges von Rahmenbedingung abhängig machen, die Sie nicht beeinflussen können.

Es gibt aber auch die Möglichkeit, einen angemessenen Frust für Ihre Ziele zu nutzen: Sie sollten dabei mit den Ansprüchen ein klein wenig oberhalb des 2.Verkäufers bleiben. Dann haben Sie genug Ansporn, Ihre Leistung zu steigern, aber nicht zuviel Frust um aufzugeben oder depressiv bzw. aggressiv (gegen andere oder sich selber) zu werden. Dann ist der Frust das Heubündel, das den Esel zum Laufen bringt.

Wenn Sie diese einfachen Regeln beachten, sind Sie vielleicht tatsächlich „Ihres Glückes Schmied". Sie können natürlich auch einen oder mehrere Schuldige suchen. Wie weit Sie damit wahrscheinlich kommen, habe ich in diesem Buch mehrfach dargestellt.

Es gibt eine Besonderheit, ein erstaunliches Glücksgefühl, das es wahrscheinlich so nur beim Menschen gibt und das gesamte Gehirn einbezieht:

Das „Ergreifende" in der Musik (nach Grawe)

Ich erinnere mich noch ganz genau an einen bestimmten Moment während der Grundausbildung bei der Bundeswehr. Es war an einem Freitag während des „Revierreinigens". Also der bei allen höchst ungeliebten Tätigkeit, die absolviert werden musste, bevor wir ins Wochenende entlassen wurden.
Es war eine sehr anstrengende und frustrierende Woche gewesen, mit vielen neuen, meist negativen Erfahrungen. Plötzlich erklang in einem kleinen Kofferradio der 2.Satz von Beethovens fünftem Klavierkonzert. Es war für mich, als ginge die Sonne auf. Wie die „goldene Spur", die laut Hermann Hesse immer wieder im Leben

auftaucht und uns Hoffnung auf ein Weitermachen gibt. Ich werde diesen Moment nie vergessen und er ist ein Beispiel dafür, wie ein Glücksmoment sich anfühlen kann, der unerwartet und unwillkürlich durch einige Takte der „richtigen" Musik ausgelöst wird.

Es ist immer wieder erstaunlich und fast nicht zu begreifen, wie die horizontalen und vertikalen Ablenkungen einer Plattenspielernadel oder die binären Abfolgen von Magnetzuständen einer CD etwas so Anrührendes wie die Musik eines J.S. Bachs oder der Beatles in unserem Kopf hervorbringen können. Für dieses „Wunder" sind einige Transformationsprozesse sowohl technischer als auch neurologischer Art notwendig.

Fast alle im Anhang beschriebenen Funktionen des Gehirns sind daran beteiligt:

1)+2) Motorische und sensorische Funktionen spielen eine sehr große Rolle, sowohl beim Hören, aber natürlich noch mehr beim selber Musik machen: Den „Humunkulus", der die Repräsentation der Körperbereiche als Projektion auf den sensomotorischen Cortex darstellt, kennt mittlerweile jeder, der sich etwas mit Neurobiologie beschäftigt. Dort entsprechen die Ausdehnungen der einzelnen Körperteile nicht der tatsächlichen Größe sondern deren Anteil an der Funktion im motorischen oder sensorischen System.
So nehmen die Finger oder Lippen einen deutlich größeren Bereich ein, als z.B. der Oberschenkel, obwohl bzw. gerade weil die einzelnen Hautbereiche und Muskeln viel kleiner sind und viel differenzierter agieren müssen. Im Zusammenhang mit Musik spricht man hier von „Tonkarten", und meint damit die Verteilung der Flächen, die wie die einzelnen Muskeln im motorischen Cortex (im Schläfenlappen) hier die Töne im auditorischen Cortex (auch im Schläfenlappen) einnehmen. Wie zu erwarten, sind diese unterschiedlich, je nachdem, ob es sich z.B. um einen Trompeter oder einen Geiger handelt. Dabei spielen natürlich die Zeit und Intensität eine Rolle, in der geübt wurde,

aber noch mehr, wann damit begonnen wurde. Je früher man mit dem intensiven Üben eines Instrumentes beginnt, desto mehr vergrößert sich das Areal, das im Gehirn für die Töne dieses Instruments reserviert wird und das Areal, das für die entsprechenden Muskeln zuständig ist.

„Bei allen Musikern insgesamt wird der auditorische Cortex durch Klaviertöne zu 25% mehr aktiviert, als durch Sinustöne gleicher Frequenz. Dieser Unterschied besteht bei Nichtmusikern nicht."

3)-Vegetative Reaktionen: Veränderungen von Atemfrequenz und Atemtiefe, Puls, Blutdruck, Hautwiderstand etc., je nachdem ob wir positiv oder negativ auf die jeweilige Musik reagieren. Besonders ausgeprägt geschieht dies, wenn wir Musikpassagen hören, die bei uns das Gefühl von „Gänsehaut" verursachen. Diese „Gänsehaut-Passagen" sind bei jedem von uns andere, und sie können auch nicht willentlich erzeugt oder aufgerufen werden, sondern es geschieht in aller Regel unwillkürlich und ohne Absicht. Die Reaktion nimmt übrigens auch durch mehrfaches Hören dieser Passagen nicht ab.

4)-Diese Reaktionen werden, wie nicht anders zu erwarten durch **affektive (emotionale) Funktionen des Limbischen Systems** getriggert, was wahrscheinlich die wichtigste Stellschraube bei dem Phänomen „Gänsehaut-Passagen" darstellt.

Nerdbox:

Im ventralen Striatum, das für die positiven Bewertungen zuständig ist, findet eine Zunahme der Aktivität statt (ähnlich wie bei Kokain oder beim Heißhunger auf Schokolade). Gleichzeitig findet eine Abnahme der Aktivität in der Amygdala statt (unserem „Angstzentrum") und im ventromedialen präfrontalen Cortex, der allgemein mit negativen Emotionen verbunden ist. –

Dieses Beispiel zeigt wieder einmal schön die allgemeine Regel: Neuronale Aktivität spielt sich in spezifischen Mustern von Aktivierung und Hemmung ab.

5+6)-Last but not least kommen beim Musikhören und -machen noch die **kognitiven und assoziativen Funktionen** zum tragen. Auch hierbei spielen sowohl bei der intellektuellen Beschäftigung mit Musik und noch viel mehr bei den Erinnerungen, die wir mit bestimmten Musikstücken verknüpfen, die Emotionen eine Rolle, die damit assoziiert sind. So ist es kein Wunder, dass wir bei Menschen mit Demenz eine ungewöhnlich starke Reaktion und Erinnerung beobachten, wenn sie mit Musik in Kontakt gebracht werden, die sie in ihrer Pubertät und im frühen Erwachsenenalter (Adoleszenz) gehört oder gemacht haben. In einer Zeit also, in der die größten nach-kleinkindlichen Umbauvorgänge im gesamten Gehirn stattgefunden haben.

Musik aktiviert neuronale Systeme für Belohnung und Emotionen, die sonst in dieser Form nur von Nahrung, Sex oder Drogen aktiviert werden. Dies ist bemerkenswert, da Musik weder für das Überleben noch für die Reproduktion notwendig ist. Die Aktivierung dieser Systeme durch abstrakte Reize wie durch Musik (Töne und Rhythmen) könnte ein Zwischenschritt für das Auftauchen der Fähigkeit für komplexes Denken im Zuge der Menschwerdung darstellen, die vorausschauendes Planen und abstraktes Denken von Dingen, die es eigentlich nicht gibt (Religion, Kunst etc.) ermöglichen. Freud hat diesen Vorgang als „Sublimierung" bezeichnet. Und es sind ja genau diese Fähigkeiten, die den Menschen vom Tier unterscheiden und ausmachen.

Es soll nicht unerwähnt bleiben, dass Musik auch negative Auswirkungen auf uns haben kann. Nämlich immer dann, wenn die oben beschriebene Aktivierung und Deaktivierung von positiven und negativen Bewertungen unter umgekehrten Vorzeichen stattfindet. Musik kann also auch krank machen oder negative (z.B. depressive) Zustände verstärken. Darauf sollte man achten, wenn wir uns selbst oder andere mit Musik beeinflussen wollen.

Kapitel 9

Lerne, den Tod als notwendigen Bestandteil des Lebens zu akzeptieren.

*Das **Sterben** wird als Zumutung betrachtet,*
als Beleidigung des menschlichen Genius.
(Gerald Hüther, aus „Würde")

Was ist der Sinn des Lebens? Der Sinn des Todes? Von Männern und Frauen?

Die Antwort auf alle drei Fragen ist eigentlich immer die gleiche:
Dass es weitergeht!

Die Gesetze der Evolution fingen an zu wirken, als das Leben auf die Erde kam. Als aus den wenigen physikalischen Gesetzen, die den Grundstein für alles bilden, nach dem Big Bang erst chemische, dann biologische Gesetze erlassen wurden, als nach langer langer Zeit aus unbelebter Materie belebte Materie wurde. Diese begann sich selbst zu organisieren und sich nach den Gesetzen der Evolution weiterzuentwickeln.

Letztendlich läuft alles darauf hinaus: als Individuum zu überleben und sich zu reproduzieren, d.h. das Leben weiterzugeben, um als Spezies weiter zu existieren und sich bei veränderten Umweltbedingungen auch weiterzuentwickeln. Das „Material" ist die jeweilige Umwelt, die „Werkzeuge" die Gesetze der Evolution. Daraus entstehen die jeweiligen „End-Produkte", die Individuen, die immer auch „Zwischen-Produkte" für die nächste Stufe der Entwicklung sind.

Der Denkfehler der Kreationisten ist, dass sie glauben, dass diese Entwicklung einem vorgegebenen Plan folgt. Das ist schon deshalb sehr unwahrscheinlich, da sich die jeweilige Umwelt ständig ändert, meist unvorhersehbar und von so vielen Variablen abhängig, dass ein planvolles Vorgehen schlichtweg extrem viel unwahrscheinlicher ist, als das, was wir tatsächlich beobachten können.

Die Umwelt stellt dem Leben konkrete Herausforderungen, und das Leben antwortet darauf, so gut es kann. Und zwar mit dem, was es an „Material" (Mutationen) vorfindet und mit einem Werkzeugkoffer von möglichen Lösungen. So bekamen die kleinen Säugetiere erst ihre Chance, als vor 65 Millionen Jahren ein Meteoriten-Einschlag das Leben der Dinosaurier auslöschte, die vorher mindestens 230 Mio. Jahre lang das Geschehen auf der Erde bestimmten und damit die Umwelt so verändert wurde, dass sich mausgroße Säugetiere bis zum Mammut und zum Menschen entwickeln konnten.

Ein Beispiel: Sie sollen eine Möglichkeit zum Sitzen schaffen. Sie haben einen Haufen Bretter und eine begrenzte Auswahl an Werkzeugen. Je nachdem, welche Bretter und welche Werkzeuge Ihnen zur Verfügung stehen, zimmern Sie einen Stuhl, eine Bank, einen Sessel oder einen Thron. Je nach Ausstattung verwenden Sie Nägel oder Nut und Feder, einmal sind die Bretter glatt, bearbeitet und wunderschön verziert, im anderen Fall roh und klobig etc.
Die Aufgabe wurde jedes Mal erfüllt: Sie können sitzen. Aber die Ausführung unterscheidet sich von Ausgangslage zu Ausgangslage.

Anderes Beispiel: die Evolution des Auges. Aus lichtempfindlichen Zellen einiger Urtierchen entstanden parallel zueinander Facetten-augen bei den Insekten, die extrem schnelle Bewegungen erfassen können und das Linsenauge bei Reptilien bis zum Menschen, das Bewegungen nicht ganz so schnell erfasst, dafür die Fähigkeit zum Rundumsehen (seitliche Augen) oder zum räumlichen Sehen (parallel stehende Augen) entwickelte.

Auge ist nicht Auge sondern passt sich den jeweiligen Anforderungen an, die die Umwelt stellt – und dem, was schon da ist.
Und so geht es mit allen Sinnes- und sonstigen Organen.

Betrachten wir z.B. unser Gehirn: Die Gene programmieren die Eiweißstoffe, die gebildet werden, bzw. gebildet werden könnten. Es ist dann von den Außenbedingungen abhängig, welche davon tatsächlich gebildet werden, wie sie Verknüpfungen bilden, und wie das Netzwerk aussieht, das durch die Benutzung dieses Wunderwerks entsteht. *„Wenn das Gehirn ein Haus ist, liefert die Genetik nur das Material für den Hausbau" (Gerald Hüter)*
Es kommt dann auf die Außenbedingungen an, ob daraus ein Palast, eine Villa oder nur ein Haus, vielleicht auch nur eine Hütte oder Bruchbude entsteht. Übrigens: zu diesen Außenbedingungen gehört auch die Art und Weise, wie wir es benutzen, allerdings mit Einschränkungen, da das Ganze ein Ping-Pong-Spiel ist.

Was ist also der Sinn des Lebens?
Dass es weiter geht. Und zwar mit dem, was schon da ist.

Was ist also der Sinn des Todes?
Dass es weiter geht, und zwar auch dann, wenn sich die aktuelle Ausgangslage ändert. Denn nur, wenn das Vorhandene auch mal ein Ende hat, kann etwas Neues entstehen und sich an die veränderte Ausgangslage und die anderen Anforderungen anpassen.

Die Erfindung des Todes ist die notwendige Voraussetzung, dass sich das Leben an die Veränderungen in der Welt anpassen kann. Das gilt für das Leben an sich und seine langfristigen Voraussetzungen. Das Dilemma ist, dass unser individuelles Gehirn auf Überleben programmiert ist. Was also für das Leben im zeitlichen Verlauf der Jahrhunderte, Jahrtausende und Jahrmillionen gut und notwendig ist, versucht der individuell Einzelne so weit wie möglich hinauszu-

174

schieben, im idealen Fall sogar ganz zu vermeiden. Zumindest gibt es eine nicht ganz neue Bewegung, die uns das ewige Leben ganz real verspricht, die Transhumanisten, die sich nicht nur die Optimierung des Menschen durch Technik, sondern als letztes Ziel die Überwindung des Todes z.B. durch Einfrieren und wieder Auftauen in einer fernen, "besseren" Zukunft, in der der Tod gentechnologisch überwunden worden ist auf die Fahnen geschrieben haben. Ob das so erstrebenswert ist, können Sie an einem Gedankenexperiment testen: stellen Sie sich vor, Sie könnten theoretisch 500 Jahre leben, aber durch Unfall oder Verbrechen trotzdem sterben. Würden Sie dann noch vor die Tür gehen? Und welche Ziele wären dann noch erstrebenswert?

Der größte Unterschied zum Tier ist ja, dass der Mensch sich Dinge vorstellen kann, die es eigentlich in der Realität gar nicht gibt. Mit dieser Fähigkeit hat er - bis auf die Antarktis - die ganze Welt erobert. Menschen haben die Pyramiden und all die anderen unglaublichen Bauwerke geschaffen, aber Mythen haben den Treibstoff für die Gehirne geliefert, deren Motivation notwendige Voraussetzung für die Umsetzung all dieser Ideen war und ist. Eine der wirksamsten dieser Ideen ist die Vorstellung von einem Leben nach dem Tod. Niemand kann diese Idee real beweisen, aber als „Treibstoff" hat sie in den letzten ca. hunderttausend Jahren Unglaubliches bewirkt. Eben weil das einzelne Individuum eine derart große Angst vor dem Tod hat, was ja durchaus seinen biologischen Sinn hat, damit wir einen Überlebens-Willen entwickeln und es weitergeht.

Das Leben pendelt somit immer zwischen Bewahren und Veränderung. Im günstigsten Fall entsteht eine Aufwärtsspirale, in der sich immer komplexere Lebensformen entwickeln, was aber keine Selbstverständlichkeit ist. Wir können in der Geschichte des Lebens mindestens fünf Entwicklungspunkte nachweisen, in denen das Leben fast ausgestorben wäre. - Über die aktuelle Lage und die Überlebens-Chancen unserer Spezies möge sich jeder selber eine Meinung bilden.

Wenn wir also den Weg von der Vergangenheit zur Gegenwart, zum Jetztzeitpunkt betrachten, können wir uns vorstellen, dass auch ganz andere Entwicklungen stattgefunden hätten. Wenn z.B. die Mutter von Kaiser Constantin im 4.Jahrhundert n.Chr. nicht zum Christentum übergetreten wäre, hätte ihr Sohn wahrscheinlich nicht das Christentum zur Staatsreligion erhoben, sondern wir würden heute vielleicht dem Zarathustra huldigen. Wenn die Gelehrten des Mittelalters weiterhin der Meinung gewesen wären, dass alles, was man wissen kann, schon in der Bibel oder im Koran steht (was ja heute noch viele Leute glauben), würden wir heute noch Aderlass praktizieren und müssten auf heißes Wasser per Knopfdruck, Internet und Atombombe verzichten – ja, alles hat seinen Preis.

Vor etwa 500 Jahren hat sich aber v.a. am südwestlichen Teil von Europa durchgesetzt, dass die Gelehrten zunehmend alles Wissen als vorläufig betrachten und sich die Mathematik, die exakte Beobachtung von Zusammenhängen, sowie das Prinzip von Hypothesenbildung und Falsifizierung als Methoden der Wissensvermehrung durchgesetzt haben. Und damit hat sich „das Wissen" explosionsartig vermehrt, leider aber auch die Anzahl der Menschen, die diesen Planeten bevölkern. Wir können das beklagen, aber der Verlauf von der Vergangenheit zur Gegenwart hat sich nun mal genau so ereignet, wie er sich ereignet hat. Und alle Thesen über den weiteren Verlauf in Richtung Zukunft ist reine Spekulation und nichts davon ist zwingend. Dafür ist das System viel zu komplex.

Und damit kommen wir wieder zur Biologie und zum dritten Teil der Frage: **Was ist der Sinn von Mann und Frau**, insbesondere der Männer, die evolutionsbiologisch ja einzig interessiert sind am maximalen Reproduktionserfolg?

Tja Jungs, jetzt müssen wir stark sein: Der größte Nutzen der Männer liegt in ihrer Entbehrlichkeit. Die „Grundlage" ist immer weiblich. Nur in dem speziellen Fall, dass sich der Embryo in einer bestimmten hormonellen Umgebung entwickelt entsteht, ein „Junge". Und nur, wenn der Junge weiter in einer bestimmten Umgebung aufwächst, entsteht ein „Mann". In der Tierwelt sind viele Beispiele bekannt, in denen es nur weibliche Individuen gibt, solange alles stabil bleibt und sich nur dann männliche Exemplare bilden, wenn sich die Umwelt ändert und sich die Art anpassen muss.

D.h. eigentlich ist der Mann nur notwendig in Notzeiten, um mit veränderten Umweltbedingungen klarzukommen. Der Mann hat die Aufgabe, alle Möglichkeiten auf dem Weg bzw. den vielen theoretisch möglichen Wegen von der Gegenwart zur Zukunft auszutesten. In der Sprache des Fußballs würde man sagen: die Frau ist das Standbein und der Mann ist das Spielbein.

Man bzw. Frau braucht nur wenige Männer, damit es weitergeht, damit das Vorhandene bewahrt wird. Ein einziger Mann kann im Prinzip seine Spermien an 10.000 Frauen weitergeben, wenn er dazu die Gelegenheit (und die Macht) hat. Der „Flaschenhals" für die Reproduktion einer Spezies sind die Frauen. Aber die Natur braucht die Männer wie der Börsenspekulant das Risikokapital. Sie sorgen für die Vielfalt der Wege, auf denen es weitergehen kann bzw. könnte. Männer sind diejenigen, die auf den Mond fliegen, in Nussschalen über den Ozean segeln, Amerika entdecken und durch die Antarktis latschen. - Das können im Prinzip auch Frauen, aber die braucht man dringender daheim, damit es dort weitergeht. – Jaa, liebe Frauen, ich rede von Biologie, nicht von Ideologie. Das ist in der heutigen Zeit oft eine sichere Chance, einen Shitstorm zu ernten. Es ist aber notwendig, biologisch zu denken, wenn wir die obige Frage verstehen wollen. Selbstverständlich haben die Frauen die gleichen Rechte wie die Männer bzw. sollten sie haben. Aber sie haben von der Natur nicht die gleichen Aufgaben zur Lösung bekommen. Frauen und Männer sind gleichwertig, aber nicht gleich. Wenn man das einmal akzeptiert hat, versteht man die Gemengelage um das Thema Männer und Frauen gleich viel besser. Die Frage ist dann nur noch, ob man das auch akzeptieren will. Aber ich zähle hier mal auf Ihre Neugier.

Also: *„Der ganze Mann dient, wenn man es mit nackten biologischen Augen betrachtet, nur dazu, dem Zellkern eines einzelnen eigenen Spermiums dazu zu verhelfen, dass er im rechten Augenblick als Erster am richtigen Ort ankommt."* *(Gerald Hüther).* - Dabei hat er mit drei Problemen zu kämpfen:

Erstens: man braucht nur sehr wenig von einem Mann
Zweitens: es gibt noch ganz viel andere, die mit einem konkurrieren
– außerdem ist der Zeitpunkt unklar, an dem der Wettkampf ausgetragen werden muss.
Drittens: er muss besser sein als die anderen, sonst bleibt von ihm nichts übrig, wenn er stirbt.

Da wir Männer die Vorstellung von der eigenen biologischen Nutzlosigkeit verdrängen oder kompensieren müssen, entsteht dadurch manchmal bizarres und oft eher hinderliches oder sogar gefährliches Balz- bzw. Konkurrenz-Verhalten um sich gegen Konkurrenten durchzusetzen. Wir müssen ständig um unsere Attraktivität und Bedeutung kämpfen und manchmal sogar unser Leben riskieren (z.B. als Spinnenmännchen, Extremsportler oder Mafia-Pate etc.). Manche versuchen es auch auf die sanfte Tour und punkten mit besonderer Einfühlsamkeit, können gut zuhören, beteiligen sich liebevoll an der Aufzucht der Kinder usw. – Alle Strategien haben im Prinzip den biologischen Sinn, das eigene Erbgut in den unaufhaltsamen Prozess der Evolution einzuschleusen. Entweder durch „weiter so" oder „anders". Die evolutionäre Selektion findet durch die „Weibchen" statt, auch wenn es in vielen Kulturen nicht danach aussieht. Aber hier sind wir wieder bei dem Unterschied von Biologie und Ideologie bzw. Kultur. Und damit endet die Mär vom „schwachen Geschlecht" und lässt Raum für die Suche nach der eigenen Identität und dem individuellen Sinn des Lebens.

Die Euthanasia – wörtlich der „schöne", oder besser: der „richtige" Tod.

Dieser Begriff hat heutzutage durch die systematischen Mord-Programme der Nationalsozialisten im Rahmen der „Rassenhygiene" verständlicherweise eine sehr problematische Bedeutung, auf die ich nicht weiter eingehen will, da sie für die folgenden Überlegungen irrelevant sind und nichts mit dem zu tun haben, um was es mir in diesem Kapitel geht. Eher geht es noch um die Diskussionen zur „Sterbehilfe", auf die ich ebenfalls nicht weiter im Detail eingehen will.

Ursprünglich wurde im klassischen Griechenland der Begriff für einen Tod verwandt, der „an der Zeit" ist, und der „leicht", ohne vorheriges Leiden ist. In Abgrenzung zu einem Tod der „schwer" ist, aufgrund von Krankheit, Schmerz, Kontrollverlust und vielen Ängsten, u.a. der Angst vor einer quälenden medizinischen Überversorgung.

Auf alle diese aufgeführten, zu recht gefürchteten Probleme versucht die Palliativmedizin heute Antworten zu finden. Sie ist in manchen Punkten v.a. auf Palliativstationen und -kliniken schon relativ erfolgreich. Trotzdem sind die Ängste nach wie vor verständlicherweise noch häufig vorhanden und oft auch berechtigt.

Auch hier stellt sich die Frage: Was können wir ändern und was müssen wir hinnehmen. Die Unausweichlichkeit von Sterben und Tod können wir durch keine Maßnahme ändern (die Überlegungen der Transhumanisten lege ich hier mal beiseite). Was wir ändern können, ist der Umgang damit. Für Sokrates, dem wohl bekanntesten Philosophen der Antike, bedeutet Euthanasia die eng mit einer vernünftigen Lebensführung verknüpfte rechte Vorbereitung auf den Tod. Auch hier spielen die Grundbedürfnisse Bindung, Kontrolle, Selbstwert und Wohlbefinden eine entscheidende Rolle.

Wer z.B. mit seiner Familie und anderen wichtigen Menschen „im Reinen" ist, wird leichter gehen, als jemand, der immer noch „alte Rechnungen" offen hat. Verzeihen bedeutet hier nicht, vermeintliche Ansprüche aufzugeben oder das Befolgen von externen Geboten (Moral, Religion etc.), sondern ist ein positiver, durchaus egoistischer Akt, den wir selbstbestimmt ausschließlich für uns selber begehen.

Ganz wichtig ist, bis zuletzt soviel Kontrolle zu behalten, wie man selber für sich reklamiert und gleichzeitig jede Hilfe anzunehmen, die möglich ist und angeboten wird. Selbst zu bestimmen, wie viel Hilfe man annimmt, ist ein eigenständiger Akt der Kontrolle und kein Verlust von Kontrolle. Loslassen, „machen lassen", ist hier eine Fähigkeit und keine Schwäche. Auch hier ist es wichtig, die emotionale Ebene immer zu beachten, dabei aber die Vernunftebene (Versorgung, Bürokratie etc.) nicht aus den Augen zu verlieren. Ein rechtzeitig verfasstes Testament, eine juristisch unangreifbare Patientenverfügung und eine sorgfältig formulierte Betreuungs-vollmacht können im Vorfeld eines erwarteten oder unerwarteten Todes viel an Sicherheit und Kontrolle vermitteln.

Als Euthanasia wurde im alten Griechenland auch ein „ehrenwerter" Tod bezeichnet. Zwar wurde und wird der Begriff „Ehre" allzuoft missbraucht, aber er drückt aus, wie wichtig auch im Sterben der eigene Selbstwert ist. Auch in der Palliativmedizin wird versucht, die „Würde" des Menschen in allen Situationen zu respektieren.

„Würde", ein Wort das so viel besser den Wert eines Menschen ausdrückt als „die Ehre". Leider kommt dieser Aspekt in der Hektik des allgemeinen Medizinbetriebs oft unter die Räder. Und auch im Alltag erleben wir gerade in Zeiten von Handys und Internet, wie respektos z.B. mit Unfallopfern oder Menschen in anderen Notsituationen umgegangen wird. Leider gibt es immer wieder erschütternde Berichte, wo eine Horde von Menschen erstmal ihr Handy zücken, um mehr oder weniger sensationelle Aufnahmen zu machen, um sie möglichst schnell in den sozialen Medien zu posten. Und die wenigen, die sich entschlossen haben, lieber zu helfen werden dabei sogar noch behindert. Die Würde des Menschen ist sehr wohl antastbar und zwar jederzeit und an jedem Ort. Mögen viele Menschen das genauso sehen und zumindest für sich selber etwas daran ändern.

Bleibt als Viertes das „Wohlbefinden" bzw. das Abwenden von Unwohlsein. Insbesondere bei der Beherrschung von Schmerzzuständen, Atemnot und anderen körperlichen Einschränkung wurde in den letzten Jahrzehnten viel erreicht. Jeder Sterbende sollte diese Hilfe angeboten bekommen und sie auch annehmen. Oft verhindert leider das „nicht-zur-Last-fallen-wollen" das Ausschöpfen aller Möglichkeiten. Auch hier ist das Hilfe-annehmen eine Fähigkeit, ein Akt der Kontrolle und Bewahrung der eigenen Würde und keine Schwäche.

Selbstverständlich bräuchten wir mehr Palliativ-Einheiten, mehr Personal etc. Auch hier ist das Vorhandene selten genug. Aber wir sehen doch trotz allem von Jahr zu Jahr eine Verbesserung, sowohl qualitativ als auch quantitativ.

Notwendige Voraussetzung für diese Entwicklung in den letzten drei Jahrzehnten war eine **Fokusverschiebung**, wie an anderer Stelle beschrieben. Weg von der unbedingten Lebensverlängerung hin zu einer Lebensqualitätsverbesserung.
Etwas salopp gesagt: Anstatt „wie lange ist meine Restlaufzeit noch" hin zu „wie gut kann ich in dieser Restlaufzeit leben".

Damit möchte ich natürlich niemandes Verdienst schmälern, der Tag für Tag versucht Leben zu retten und zu verlängern. Wir haben aber in der Geschichte der Medizin häufig erlebt, wie das starre Festhalten an nur einem Ziel in eine Sackgasse geführt hat. Gerade in der Medizin müssen wir immer wieder Ziele nicht nur auf ihre Machbarkeit, sondern auch auf ihre Sinnhaftigkeit überprüfen und ggf. neu definieren. Ohne diese Sichtweise wären wir in vielen Bereichen, z.B. in der Palliativmedizin, nicht so weit, wie wir bisher gekommen sind. Diese mehrdimensionale Betrachtungsweise wurde in der jüngeren Vergangenheit gerade durch die immensen Erfolge in der Reproduktionsmedizin, Gentechnik, Intensivmedizin etc. immer wichtiger und wird in der Zukunft noch an Bedeutung zunehmen.

Wer ein WOZU im Leben hat, erträgt fast jedes WIE.
(Friedrich Nietzsche)

Kapitel 10

Löse das Problem,
nicht die Schuldfrage

„Gegen die Infamitäten des Lebens sind die besten Waffen:
Tapferkeit, Eigensinn und Geduld.
Die Tapferkeit stärkt, der Eigensinn macht Spaß
und die Geduld gibt Ruhe."   (Hermann Hesse)

In diesem letzten Kapitel möchte ich noch einmal die wichtigsten Modelle und Gedanken Revue passieren lassen und mit einem praktischen Beispiel verknüpfen. NLP ist ein "Werkzeugkasten" aus dem sich jeder die Instrumente rausnehmen kann, mit denen er glaubt, dass er damit sein Problem ab besten lösen kann. Die Grundideen aller dieser Werkzeuge tauchen auch in anderen Psycho-Techniken und -Strömungen auf. Es gibt in Deutschland ca. 400 Etiketten dafür. Der Vorzug von NLP ist seine Ideologiefreiheit. Jeder nehme sich das, was er brauchen kann und experimentiere damit.

Meine Mutter ist an allem Schuld
Margit, 42 Jahre alt, Sachbearbeiterin und seit zwei Jahren krank-geschrieben, erzählt mir schon in der ersten Stunde völlig atemlos und aufgeregt, dass ihre Mutter an allem schuld sei. Sie hat ihr die Ängste eingeredet und ist der Grund, warum sie jetzt eine Angsterkrankung hat und depressiv ist. Die Mutter hat ihr auch ständig erzählt wie schlecht die Männer seien, sie ist also auch der Grund, warum jede Partnerschaft in den letzten 20 Jahren auseinandergegangen ist. Schon in der Schulzeit habe sie keine Freunde gehabt, auch keine Freundinnen, weil ihre Mutter darauf

bestanden hat, dass sie sofort nach der Schule heimkommen und abends um 19 Uhr im Bett sein musste. Das ging so bis sie 21 war. Dann sei sie ausgezogen, aber es sei nicht besser geworden, weil die Mutter sie weiterhin jeden Tag angerufen hat und ihr gesagt hat, was sie alles falsch macht. Die Mutter habe ihr auch ständig gesagt, dass sie faul und unfähig sei und nicht in der Lage ist, ihr Leben zu managen.

Der Vater wird als schwach und unfähig geschildert, sich gegen die Mutter durchzusetzen. Er habe nie auf ihrer Seite gestanden, wollte meistens nur seine Ruhe haben und habe alles bestätigt, was die Mutter gesagt hat.

Die Patientin wirkt in allen Gesprächen in keiner Weise depressiv, sondern eher aufgewühlt und wütend.

Ich frage als Erstes nach den **Umgebungsbedingungen** (siehe unterste Ebene der **DILTS-Pyramide: Chance to?**):

Berufliche Situation: Ausbildung zur Sekretärin mit gerade noch ausreichenden Noten geschafft. Schuld sei ihre Mutter, die ihr immer gesagt habe: das schaffst du eh nicht. Sie sei auch schuld, dass sie immer wieder krank geworden ist: Depressionen, Fibromyalgie, Magen-Darm-Probleme u.v.a.m. – Sie war mehrfach stationär in der Psychiatrie oder in einer Reha-Maßnahme, dort ging's ihr meistens gut, aber der Zustand hatte sich nach Entlassung in den Alltag jedes Mal wieder verschlechtert. Seit ca zwei Jahren ist sie dauerhaft krankgeschrieben, der Antrag auf eine erneute Rehamaßnahme wurde schon zweimal abgelehnt.

Wirtschaftliche Situation: Sie hat einiges gespart und kommt mit dem Krankengeld einigermaßen zurecht. Vor 10 Jahren hat sie sich von den Eltern 100.000 € geliehen und sich damit ein kleines Haus neben dem Haus der Eltern gebaut, auf dem Grundstück, das immer noch ihren Eltern gehört. Die Eltern würden sie ständig kontrollieren, anrufen, unangemeldet vor der Tür stehen etc., und sie habe die Rollläden zur Seite der Eltern ständig geschlossen.

184

<u>Beziehungen:</u> Mehrere Beziehungen seien nach 1-2 Jahren auseinandergegangen, weil ihre Mutter immer den Partner schlechtgemacht hat. Zur Zeit lebt sie mit einem arbeitslosen Kfz-Mechaniker zusammen, der den ganzen Tag nur vor dem Fernseher oder PC sitzen würde. Sie hätten ständig Krach und seit 1,5 Jahren auch keinen Sex mehr.

Auf die Frage, warum sie sich nicht trennen würde, antwortet sie: Dazu habe ich nicht die Kraft, die hat mir meine Mutter genommen, die immer gesagt hat, ich sei zu blöd um einen Mann abzubekommen.

Auf die Frage nach anderen Freunden erzählt sie, die habe alle ihre Mutter vergrault. - Auf gezielteres Nachfragen: Ich gehe immer wieder mal zum Tanzen, aber wenn ich anderen von meiner beschissenen Situation erzähle, gehen die mir nach kurzer Zeit aus dem Weg.

Ich versuche die wichtigsten Verhaltens-Muster zusammenzufassen (2. Ebene der **DILTS-Pyramide: How to?**)

Die Entwicklung eigener Glaubenssätze und Wertevorstellungen, die normalerweise in der Pubertät erfolgen, hat nie stattgefunden.

Sie trennt sich weder von den Eltern noch den Partnern, wenn sie ihr nicht guttun, sondern begibt sich noch explizit in deren Abhängigkeit.

Aufmüpfig ist sie nur in Tonfall und Wortwahl, aber nicht im Tun.

Es sind immer die Anderen schuld, dass sich nichts ändert, v.a. die Mutter, aber auch die Partner, Freunde, die Arbeitgeber, die Krankenkasse usw. Und alle Therapeuten konnten ihr nicht helfen.

Ich denke für mich: selten hatte Bert Hellinger so recht:
„Leiden ist leichter als Lösen".

Und: will sie überhaupt etwas lösen (**want to?**), bei diesen **Glaubenssätzen**?

Ich versuche, ihr ihre verinnerlichten Glaubenssätze aufzuzeigen:
„Ich kann nichts" – sie hat immerhin einen Beruf erlernt und viele Jahre auch gearbeitet, wenn auch mit Unterbrechungen. Sie sitzt im eigenen Haus und kann sich finanzieren. Allerdings hat sie selber die Abhängigkeit zu den Eltern nochmal vertieft.
„Ich krieg eh keinen Mann ab" – sie hat immerhin mehrere Beziehungen gelebt, z.t. über mehrere Jahre, ist also nicht so unattraktiv wie sie angibt. Allerdings vergrault sie die meisten neuen Bekanntschaften, indem sie ihnen sofort mit ihrer Wut und ihren Schilderungen auf die Nerven geht, noch bevor diese sie näher kennen lernen konnten.
„Ich bin nichts wert" – Diesen Glaubenssatz hat sie einerseits verinnerlicht, andererseits reagiert sie darauf nicht wie üblich mit mehr oder weniger depressiver Stimmung sondern mit Wut, was gut ist und darauf hoffen lässt, dass wir vielleicht doch weiterkommen.

Als ich sie mit ihren Glaubenssätzen konfrontiere, stimmt sie dem erst zu, aber dann kommt wieder ihr wichtigster Glaubenssatz: „An allem ist nur meine Mutter schuld, die hat mir meine Ängste eingeredet."

Ich erkläre ihr mein **Mobile** und versuche ihr klarzumachen, dass sie seit Jahrzehnten versucht, ihre Mutter zu ändern, was nicht geht, anstatt sich auf Veränderung bei sich selbst im Denken und Handeln (**Magisches Dreieck**) zu konzentrieren. Sie ist nicht mehr das kleine Mädchen von damals und darf **erwachsen werden**, indem sie ihre **eigenen Glaubenssätze** und Wertesysteme entwickelt.
Dabei muss sie akzeptieren, dass der Weg von der Vergangenheit bis zur jetzigen Gegenwart nun mal genau so verlaufen ist, wie er verlaufen ist, ihr aber für die Zukunft noch **viele verschiedene Wege** offen stehen. Ich zeige ihr ein Bild, in dem sie sich ständig rückwärts gehend mit dem Gesicht in Richtung Vergangenheit bewegt hat, und versuche sie zu ermutigen, mal den Blick in Richtung Zukunft zu wagen. – Leider kommt dann sofort wieder das Argument: Das kann ich nicht, und daran ist meine Mutter schuld, weil sie mir diese Ängste

eingeredet hat. – Auch der Hinweis, dass Ängste uns auffordern, etwas zu verändern, prallt an diesem Glaubenssatz leider ab, bevor sie bereit ist, neue **Trampelpfade** in ihrem Gehirn zuzulassen.

Auf Drängen der Patientin spreche ich mit ihrer Mutter, die mir versichert, dass sie immer nur das Beste für ihre Tochter will und gar nicht verstehe, woran sie schuld sein soll.
Ich versuche der Tochter das Prinzip **Trenne Absicht und Verhalten** nahezubringen, was leider an ihrer Wut und dem Festhalten an der Vorstellung „Mutter ist an allem schuld" scheitert.
Offensichtlich ist dieses Festhalten an der Schuldzuweisung ihre einzige Chance, Kontrolle über ihr Leben auszuüben.
Wie wir im 2. Kapitel gelernt haben, ist **Kontrolle** das erste und universellste Grundbedürfnis, häufig auch die Voraussetzung, das Grundbedürfnis nach **Selbstwerterhöhung** zu befriedigen. Und nicht selten wird dabei das Grundbedürfnis nach **Bindung** und nach **Lustbefriedigung** bzw. **Unlustvermeidung** hinten angestellt.

Wenn ein Mensch unter Druck gerät, sucht er eine Lösung - wenn viele Menschen unter Druck geraten, suchen sie Schuldige

Viele Politiker und Ideologen arbeiten mit diesem Prinzip oft sehr erfolgreich, um ihre Macht zu erhalten, indem sie unglaublich große Massen von Menschen beeinflussen und manipulieren.
Ein Beispiel: Palästina könnte eine der blühensten Regionen in der ganzen Welt sein. Eigentlich wünschen (fast) alle Menschen dort nichts sehnlicher als ein friedliches Zusammenleben, Wohlstand für alle durch eine nachhaltige, prosperierende Wirtschaft. Aber auf beiden Seiten wird ein riesiger Teil der Ressourcen und der Energie für eine einzige Frage aufgewendet: **Wer ist schuld?**
Diese Frage spaltet nicht nur seit Jahrzehnten Araber und Juden, sondern verhindert konsequent das Verfolgen der o.g. Ziele.

Jeder weiß, dass der Karren mitlerweile so verfahren ist, dass diese Frage niemals abschließend beantwortet werden kann. Aber die Verantwortlichen halten an dieser Frage konsequent fest, anstatt sich um die Lösungen für die Probleme der Menschen auf beiden Seiten zu kümmern. Es geht um Macht! Und es geht um das Recht-Haben!

Erstaunlicherweise gibt es auch Gegenbeispiele:
Die deutsch-französische Freundschaft (Jumelage), die jahrhundertelang für umöglich gehalten wurde. Der europäische Gedanke, der uns eine Friedensperiode geschenkt hat, die es so noch nie auf europäischem Boden gab. Auch die Aussöhnung von Juden mit den Deutschen, die nach den Gräultaten der Nazis nach dem Krieg wohl kaum jemand für möglich gehalten hat.
Auch der Kniefall von Warschau als Zeichen einer neuen Ostpolitik war ein Ausdruck dieses Denkens. Die Folgen haben wir staunend und ungläubig am 9. November 1989 verfolgen können.

Allem gemeinsam ist das Prinzip:

Löse in erster Linie die Probleme, und nicht die Schuldfragen. Und die wichtigste Frage: Was sind erstrebenswerte Ziele?

Beides zentrale Fragen, wenn wir als Individuen, deren Gehirne eigentlich für das Leben in Horden konfiguriert wurden, Probleme einer globalisierten, komplexen Welt lösen wollen.

Wir sehen an diesen Beispielen
die häufigsten „Mauern", die das Lösen verhindern:

1-Der Sündenbock – die Schuldzuweisung
Es hat viele Vorteile, wenn ich einen Sündenbock habe, die Schuld jemand anderem oder allgemein den Verhältnissen zuweisen kann:
- der wichtigste Vorteil: ICH brauche mich nicht ändern
- ICH habe keine Verantwortung – auch nicht für die Dinge, wo ich eigentlich die Freiheit hätte, etwas in die richtige Richtung zu ändern (siehe die **zwei Seiten der Medaille**)
- mein Grundbedürfnis nach Selbstwerterhöhung wird befriedigt – allerdings muss ich dafür Kontrolle abgeben - will ich das?

2-Das Schwarze-Peter-Spiel
Sehr beliebt, wenn es um Verantwortung geht, z.B. in der Politik.
Auch hier gilt das Prinzip: Freiheit und Verantwortung sind zwei untrennbare Seiten ein-und-derselben Medaille. Wer die Freiheit hat bzw. sie sich nimmt, etwas zu beeinflussen, zu ändern oder zu bestimmen, muss auch die Verantwortung für die Konsequenzen übernehmen.
Andererseits sollte man sich nicht die Verantwortung aufladen lassen, wenn man diese Freiheit nicht hat, v.a. wenn man keinen Einfluss auf die Rahmenbedingungen hat, die man so wie sie sind hinnehmen muss. Das gilt natürlich nicht, wenn man die Möglichkeit hat, die Rahmenbedingungen zu ändern.

3-Das Schneckenhaus „Selbstmitleid"
– nicht zu verwechseln mit Selbstmit<u>gefühl</u>:
(Selbst)Mitgefühl, also das Fühlen des psychischen Schmerzes, bei sich selber oder bei jemand anderem, ist nicht nur legitim, sondern notwendig, um den Weg zur Veränderung frei zu machen. Ich muss fühlen und damit nicht nur intellektuell, sondern auch emotional

erkennen, was den Schmerz verursacht, um das Denken oder Handeln zu verändern, um den Schmerz zu lindern.

Beim Selbstmitleid geht es hingegen gerade nicht um Veränderung, weil sich dann ja das „Mitleid" auflösen würde, auf das ich so dringend angewiesen bin.

4-Die Kränkung

Die Unfähigkeit, diese 4. Mauer zu überwinden, hat ebenfalls sehr häufig mit Selbstmitleid zu tun. Solange ich in der Kränkung verharre, sind die zwei wichtigsten Ziele erfüllt: ich muss mich nicht ändern und jemand anderes ist schuld.

Die möglichen Reaktionen auf eine Kränkung sind ähnlich wie die Reaktionen auf Bedrohung:

Kampf – ich greife den anderen an, sage ihm wie enttäuscht oder wütend ich bin, im schlimmsten Fall sinne ich auf Rache.

Flucht – in die Arbeit, in die Isolation, ins ständige Grübeln usw.

Freezing – viele Menschen mit der Diagnose „Depression" reagieren in Wirklichkeit auf eine oder viele Kränkungen, die sie durch Menschen oder „die Lebensumstände" erleiden mit dem Rückzug in ihre eigene, deprimierende Welt. Auch wenn sie die Kränkungen objektiv klar sehen, ist es für sie oftmals sehr schwierig zu sagen:

Löse das Problem, nicht die Schuldfrage!

Zusammenfassung und 10 Fragen bzw. Hinweise zur Lösung des Problems

1-Was ist das "eigentliche" Problem bzw. Ziel?
– das Ziel genau beschreiben, immer wieder nachfragen!

2-Was kann ICH ändern?
– das Mobile-Modell, neue Trampelpfade suchen

3-Was kann ich ändern, um mich besser zu fühlen?
– das magische Dreieck: Denken-Handeln-Fühlen

4-Was blockiert mich (noch)?
– Glaubenssätze!

5-Was hat das mit meiner Vergangenheit und mit meinen alten Mustern zu tun? Wie wirken diese in der Gegenwart?

6-Trenne Absicht und Verhalten
– Wie sind die Fakten, was sind die Unterstellungen?

7-Leiden ist leichter als Lösen
– Was ich kenne, macht mir weniger Angst, egal wie schlimm es ist.

8-Welche Grundbedürfnisse werden nicht befriedigt bzw. sollen befriedigt werden? – Kontrolle, Bindung, Selbstwert, Wohlbefinden.

9-Ich habe immer mindestens 3 Möglichkeiten:
– Change it, leave it or love it.

10-Was sind meine Ressourcen?
– Resilienz = Verstehbarkeit, Selbstwirksamkeit, Sinnhaftigkeit

Burn on statt Burnout! – Gehen Sie's an.

Anhang / Ergänzungen

NLP - Neurolinguistisches Programmieren

(Neuro... = das Nervensystem betreffend /
Linguistik = die Lehre von der Sprache)

Sprache und Selbstmanagement sind zwei zentrale Aspekte des Neurolinguistischen Programmierens (NLP). Entwickelt in den 70er Jahren von einem Sprachwissenschaftler und einem Mathematiker, unter Einbeziehung der damals fast revolutionär wirkenden Erkenntnisse der Neurowissenschaften. Mittlerweile ist es ein Konglomerat von Techniken, die alle <u>ein</u> Ziel haben:
Veränderung zu ermöglichen.
Ausgangspunkt war die Frage: Was machen erfolgreiche Therapeuten anders als andere. Daraus hat sich dann ein möglichst ideologiefreier „Werkzeugkasten" von Techniken entwickelt, dessen Erfolg sich v.a. an seiner praktischen Umsetzung misst. Etwas ironisches Motto der NLPler: ***Alles nur geklaut***. - Verwendet wird alles, was funktioniert, egal aus welcher ideologischen Ecke es stammt. Das macht mir diesen „Werkzeugkasten" sehr sympathisch. Hier wird niemandem etwas aufoktruiert oder übergestülpt. Jeder kann sich das nehmen, was ihn ganz persönlich anspricht, mit dem er besonders gut umgehen kann, um seine Probleme erkennen und lösen zu können.

So zumindest der therapeutische Ansatz des NLP.
Es soll nicht verschwiegen werden, dass sich auch ein Marketing-Zweig im NLP entwickelt hat, der mittlerweile viel mehr Gewicht bekommen hat als der therapeutische, und in dem es leider häufig nicht mehr um Auswahl sondern um Manipulation geht. Man sollte allerdings gerade deshalb diese Technik nicht verdammen, sondern sich mit ihr beschäftigen, um sich in die Lage zu versetzen, sich eben dieser Manipulation bewusst zu werden und ihr zu begegnen.

193

Ich werde mich in diesem Buch strikt an eine Sichtweise halten, die ich in meiner NLP-Ausbildung von einer wunderbaren Therapeutin und Lehrerin sowie ihrem Co-Lehrer und Ehemann vermittelt bekommen habe. Mein Ziel ist es, nicht zu manipulieren, sondern Auswahlmöglichkeiten und Hilfe zur Selbstveränderung zu schaffen.

Kernsätze (Axiome) im NLP

Ein Axiom ist ein Grundsatz einer Theorie, einer Wissenschaft oder eines axiomatischen Systems, der innerhalb dieses Systems weder begründet noch deduktiv abgeleitet, sondern als Grundlage willentlich akzeptiert oder gesetzt wird. (Wikipedia)

Mit diesen Kern- oder Merksätzen werden bestimmte Prinzipien, aber auch Wertevorstellungen im NLP ausgedrückt, z.B.

RESPEKT
- Respektiere das „Modell der Welt" des Anderen
- Jeder Mensch konstruiert seine eigene Wirklichkeit
- Die Landkarte ist nicht das Gebiet

GELASSENHEIT, VERTRAUEN
- Jedes Verhalten hat eine positive Absicht
- Jeder hat alle nötigen Ressourcen
- Jeder handelt zu einem bestimmten Zeitpunkt bestmöglichst
- Alles ist eine Fähigkeit
- Es gibt keine Fehler / kein Versagen, nur Feedback

FLEXIBILITÄT
- Ziel jeder Veränderungsarbeit ist es,
  mehr (Auswahl-)Möglichkeiten zu schaffen
- Es gibt immer mindestens 3 Möglichkeiten
- Wenn etwas nicht funktioniert, dann tue etwas anderes
- Der Teil eines Systems mit der größten Flexibilität
  steuert das System

(Selbst-)REFLEXION, VERTRÄGLICHKEIT
- Verhalten und Veränderung muss berücksichtigen:
  Kontext, Situation, Ökologie
- Widerstand signalisiert einen Mangel an Rapport
- Die Bedeutung der Kommunikation liegt in der Reaktion,
  die man bekommt
- Körper und Geist beeinflussen einander

Im **Anhang 04** werden die wichtigsten **Eigenschaften des Unbewussten** aus Sicht des NLP zusammengefasst.

---

fMRT - funktionelle Magnetresonanztomographie

Es ist die entscheidende Methode, die in den 1990er Jahren unsere Sichtweise auf die Funktionen des Gehirns wesentlich verändert hat.

Die MRT-Methode nutzt die elektromagnetischen Eigenschaften des Blutes zur Darstellung v.a. von Weichteil-Gewebe, das gut durchblutet ist, so wie unser Gehirn. Wie bei der Computer-Tomographie (CT) generiert man Schnittbilder des Köpers in mehreren Ebenen. Aber man erreicht damit weit bessere bildhafte Darstellungen als z.B. durch Ultraschall oder Röntgen.

Das Prinzip der **funktionellen** MRT-Methode:
Wenn ein Hirnareal „benutzt" wird, wird es stärker durchblutet und das Blut ist auch sauerstoffreicher. Damit ändern sich die magnetischen Eigenschaften des Blutes und es entstehen unterschiedliche Bilder vor, während und nach der „Benutzung".
In Kombination mit anderen Methoden, z.B. dem EEG (Elektro-Enzephalo-Gramm) kann man damit Rückschlüsse ziehen auf die **Funktion** einzelner Hirnareale und bekommt so immer mehr „Landkarten" dieses Zentralorgans und seiner Dynamik, die immer detaillierter und aufschlussreicher werden.
Belastungsfähige Aussagen entstehen in der Wissenschaft immer durch das Zusammentragen vieler Puzzlesteine. Die fMRT-Methode hat damit in den letzten 30 Jahren wesentlich zu dem Bild von unserem Gehirn beigetragen, das immer klarer von diesem faszinierenden Organ sichtbar wird. Viele Aussagen in diesem Buch sind auf Ergebnisse dieser Methode zurückzuführen.

Einige wichtige Begriffe der Neurobiologie

Vieles was ich in dem Buch vermitteln möchte beruht auf den Erkenntnissen der Neurobiologie, die in den letzten 30 Jahren eine Dynamik bekommen hat, wie kaum eine andere Disziplin in den medizinischen Wissenschaften. Ich werde daher immer wieder auf Begriffe verweisen (müssen), die für das Verständnis des Folgenden unerlässlich sind. Viele dieser Begriffe sind mittlerweise weitgehend in das Allgemeinwissen derjenigen eingegangen, die sich für das Thema „Psyche", Psychotherapie usw. interessieren. Trotzdem ist es sinnvoll, erst mal ein paar Begriffe zumindest in den Grundzügen anzuschauen, da sie immer wieder bei den Erklärungen der Phänomene, um die es geht, auftauchen werden. Ich habe mich dabei v.a. um Anschaulichkeit bemüht. Vielleicht können Sie sich, die einzelnen Hirnbereiche als ein Team vorstellen, deren Mitspieler alle das Ziel haben, dass sich der „Hirnbesitzer" in der Welt zurechtfindet.

Die 6 Hauptfunktionen des Gehirns
Warum haben wir überhaupt ein Gehirn?

Es gibt auch Arten, die ohne Gehirn auskommen, z.B. Quallen, dann gibt es Arten, die sogar mehr als ein Gehirn haben, wie der Oktopus, der hat davon neun.
Wir gehören zu den Säugetieren, die alle dieses zentrale Steuerungs-organ besitzen, das sich in der Evolution immer komplexer entwickelt hat, um zwei grundlegende Aufgaben zu erfüllen:

A) individueller Zweck = **Überleben** = Erhaltung des Individuums
B) überindividueller Zweck = **Fortpflanzung** = Erhaltung der Art

Hierzu hat sich unser Gehirn auf folgende 6 Funktionen spezialisiert:

(1) Lebenserhaltende Funktionen (vegetative Funktionen)
z.B. Bewegung, Versorgung des Körpers mit Nahrung oder Schutz vor Gefahren, meist autonom bzw. vegetativ, d.h. ohne dass unser Bewusstsein etwas davon mitbekommt. Das ist auch gut so, da unser Bewusstsein, also unser „Arbeitsspeicher" wie wir noch sehen werden, den kleinsten Teil unserer Großhirnfunktionen ausmacht, und wir mit diesen Aufgaben völlig überfordert wären, wenn wir für diese Funktionen ständig unser Bewusstsein einschalten müssten.

(2) Wahrnehmung (Sensorik bzw. sensorische Funktionen)
„Unser Gehirn haben wir nicht zum Denken, sondern um uns in der Welt zurecht zu finden" (Gerald Hüther).
Hierfür brauchen wir ständig Informationen über die Außenwelt (Sehen, Hören, Riechen, Schmecken, Fühlen) und unsere Innenwelt (z.B. Lage im Raum, Muskeltonus, „Wohlbefinden" über Messungen der vegetativen Funktionen u.v.a. mehr). Wir erfassen damit auch soziale Interaktionen, die dann unser Fühlen, Denken und Handeln wesentlich beeinflussen.

(3) Bewegung (Motorik bzw. motorische Funktionen)
Fast ein Drittel unseres Gehirns ist in irgendeiner Weise an der Funktion „Bewegung" beteiligt. Es müssen Bewegungsabläufe geplant, gesteuert, und dann die einzelne Muskeln aufeinander abgestimmt werden.

(4) Emotionale Bewertung und Verhaltenssteuerung
(häufig als „limbische" Funktionen bezeichnet)
In diesem ausgedehnten Netzwerk von größeren und kleineren Hirngebieten werden Wahrnehmungen über die Sinne bewertet und mit abgespeicherten Erinnerungen (Kurz- und Langzeitgedächtnis) abgestimmt. Dabei entstehen „Emotionen" (unbewusst), die uns dann manchmal – nicht immer – bewusst werden, und dann „Gefühle"

genannt werden. (näher beschrieben im Anhang). Auch dieser Prozess verläuft meistens unbewusst, und kann deshalb so schwer von uns aktiv beeinflusst werden.

Im **Anhang 05** werden die Versuche dargestellt, diese limbische Funktion in verschiedener Form einzuteilen und zu beschreiben.

(5) Denken, Vorstellen, Erinnern (kognitive Funktionen)
Hier wird entschieden, was in den „Arbeitsspeicher" (Bewusstsein) aufgenommen wird. In diesen Zentren erfolgt auch die Steuerung unseres Verhaltens und die Kommunikation mittels Sprache, sowohl mit der Außenwelt als auch mit der „Innenwelt".
Denken erfolgt immer in Form von Sprache. (Überlegen Sie kurz, in welcher Sprache Sie träumen.) Deshalb ist es wichtig, welche Art von Sprache und welche Worte wir benutzen. Verneinungen werden z.B. von unserem Gehirn sehr viel schwerer wahrgenommen und verarbeitet. Daher sollten Ziele und Absichten immer positiv formuliert werden. Viele Techniken im NLP beruhen auf der gezielten Auswahl und Benutzung von Sprache.

(6) Handlungen planen, vorbereiten und durchführen (exekutives System)
Der Weg von der „Idee" (Denken) über den „Willen" zur Ausführung einer Handlung führt über ein komplexes System von Bewertungen, Erinnerungen, Planung einer Handlung und schließlich zielgerichteter Ausführung. Dies ist v.a. eine Funktion unseres Stirnhirns, genauer des Präfrontalen Cortex (PFC), den wir im folgenden Abschnitt etwas genauer kennen lernen werden, und der im ganzen Buch immer wieder eine Schlüsselrolle spielen wird.

Die wichtigsten „Mitspieler"

Verlängertes Mark, Brücke und Mittelhirn werden als **Hirnstamm** bezeichnet

Das **Verlängerte Mark (Medulla oblongata)** als direkte Fortsetzung des Rückenmarks verbindet das Gehirn mit dem Rest des Körpers (Kopf, Hals, Eingeweide). Es enhält eine netzartige Struktur **(die Formatio reticularis)**, die für die Steuerung lebenswichtiger Körperfunktionen zuständig ist: Schlafen/Wachen, Atmung, Blutkreislauf etc.

Die **Brücke (Pons)** verbindet das Kleinhirn mit dem Großhirn und enthält einige **Kerne** (Nucleus, Ncl.= geballte Ansammlung von Nervenzellen). In Analogie zum Internet: wie einzelne Server, die zu immer größeren Netzwerken zusammengeschaltet werden. Die Kerne in der Pons gleichen die Steuerung unserer Bewegungen zwischen Groß- und Kleinhirn ab. Dort werden auch bestimmte **Neurotransmitter** gebildet, also Botenstoffe, die Signale im Gehirn durch chemische Substanzen übertragen.

Das **Mittelhirn (Mesencephalon)** verarbeitet und korordiniert unbewusste Seh- und Hör-Eindrücke (visuelle und auditorische Reize) sowie Tast-Informationen (taktile Reize) und Bewegungs-Funktionen (motorische Leistungen).

Das Klein- und Zwischenhirn

Das **Kleinhirn (Cerebellum)** ist ein wichtiger Ort für alles, was mit dem Lernen von Bewegung zu tun hat.
Es ist an dem Feinabgleich von Abläufen verschiedenster Art beteiligt:
Steuerung von Gleichgewicht und Augenfolgebewegung
Koordination des Bewegungsapparats, Steuerung der feinen Willkürmotorik und dem Ablauf von Sprache, Gedanken und Worten.

Das **Zwischenhirn (Diencephalon)** koordiniert die vielfältigen Funktionen des Großhirns mit dem Hirnstamm und umgekehrt: Hier werden z.B. die Biorhythmen (zyklische, d.h. immer wiederkehrende Abläufe im Körper) gesteuert.

Der **Thalamus** wird auch als „Tor des Bewusstseins" bezeichnet. Hier werden Sinneseindrücke, Bewegungsabläufe, Denkleistungen (kongnitive) und Gefühle (limbische Funktionen) miteinander verknüpft, bewertet und u.a. an den PFC (siehe dort) als Sitz des Bewusstsein weitergeleitet. - Im vorderen Teil des **Thalamus** werden Willkürbewegungen gesteuert.

Der **Hypothalamus** ist ein wichtiges Regulationszentrum für vegetative Funktionen und Affekte. Also für die unbewusst ablaufenden lebenserhaltenden Funktionen und unsere Gefühlswelt, die ja ebenfalls zum weitaus größten Teil unbewusst abläuft.

Zum Zwischenhirn gehören auch die vier nachfolgenden Steuerungszentren, die uns im Folgenden immer wieder begegnen werden:

Die Amygdala
(der Mandelkern, „unsere Alarmglocke")
Den Mandelkern oder die Amygdala kann man sich vorstellen als den Teil im Gehirn, der immer Alarm schlägt – wie ein Rauchmelder – wenn es um Bedrohung von innen oder außen geht. Dieser Teil in unserem Zwischenhirn (einem der ältesten Teile des Gehirns, oft als "Reptilien-Gehirn" bezeichnet) wird immer aktiv, wenn es um negative Emotionen und bedrohliche Situationen geht. Grundsätzlich kann man sagen, sie regelt die „Lautstärke" unserer Emotionen.

Die Amygdala bekommt Impulse von <u>intern</u> = Informationen über alle Körperfunktionen und <u>extern</u> = Informationen über die Umgebungsbedingungen. Dabei erfolgt ein ständiger Abgleich mit schon vorliegenden Informationen: v.a. über den Hippocampus (siehe dort), der sie mit Informationen über Raum, Zeit und Kontext versorgt, und über abgespeicherte Erinnerungen. Es geht dabei immer um die Frage: <u>was</u> ist <u>wo</u>, <u>wann</u> und <u>wie</u> vorgefallen, in welchem Kontext, und vor allem: welche Emotionen wurden dabei erzeugt und mit dem Ereignis zusammen abgespeichert?

Wichtig: die Amygdala macht keinen Unterschied zwischen tatsächlicher, objektiver Bedrohung und vorgestellter, rein subjektiver Bedrohung. Auch kann die Verknüpfung von Ereignis und Emotion verloren gehen bzw. es werden nur Teile davon abgespeichert.
Das ist z.B. typisch bei der **Posttraumatischen Belastungsreaktion**, einer besonderen Form der Angsterkrankung. Hier reichen oft wenige Sinnesreize (ein Geräusch, Bild, Geruch etc.) um das Gefühl der Angst auszulösen, ohne dass der Betroffene einen Bezug bzw. ein klares Bild zum auslösenden Ereignis herstellen kann.
Das Problem für den Verstand ist, dass er keine Ruhe gibt, bevor er eine Erklärung für die erlebten Gefühle hat, so abwegig die Erklärung auch sein mag. Erst dann schaltet die Amygdala wieder ab.

Der Hippocampus
(das Seepferdchen, „unser Navi")
Im Hippocampus werden Ereignisse, die über die Sinnessysteme wahrgenommen werden (bewusst oder unbewusst) sortiert, bewertet und in Schubladen gepackt. Er unterscheidet Ereignisse z.B. danach, ob sie bewusstseinsfähig und sprachlich formulierbar sind, die dann in das Erlebnis- oder Wissensgedächtnis eingespeichert werden. Durch Datenkompression entstehen dann auch Faktenwissen ohne dass ein Erlebnis damit verknüpft ist, deren Abrufen und Bewusstwerdung ebenfalls vom Hippocampus organisiert werden. Der langfristige Speicherort für dieses „deklarative Gedächtnis" ist die Großhirnrinde.

Der Hippocampus arbeitet zwar völlig unbewusst, ist aber auch für die Abspeicherung von bewusstem Denken und Fühlen (= „Erleben") zuständig. Der Transfer vom „Arbeitsspeicher" (Bewusstsein) über den Hippocampus ins Langzeitgedächtnis hängt von der Aufmerksamkeit ab, und diese wiederum davon, ob die Information erstens hinreichend neu ist, zweitens emotional bewertet wird (positiv oder negativ), drittens inwieweit sie mit Vorwissen zusammenhängt, sowie viertens für unser Verhalten relevant ist.

Der Hippocampus ist außerdem für die Orientierung im Raum, die zeitliche Einordnung von Ereignissen und die Verknüpfung von schon existierenden Erinnerungen zuständig.

Übrigens: Man kann auch ohne Hippocampus leben. Allerdings erinnert man sich dann nur noch an Ereignisse, die vor dem Verlust des Hippocampus schon abgespeichert worden sind. Neue Informationen und Erlebnisse werden sofort wieder vergessen bzw. nicht mehr abgespeichert.

Der Thalamus („das Tor zum Bewusstsein")
Dieser Teil des Zwischenhirns ist sozusagen das Ein- und Ausgangstor für die Großhirnrinde und deren Funktionen. Hier erfolgt die Steuerung von willkürlichen Bewegungen und die Regulation von vegetativen Funktionen und Affekten.

V.a. erfolgt hier auch die Selektion darüber, was in den Arbeitsspeicher, also das Bewusstsein aufgenommen wird und was nicht. Diese Funktion werde ich im Kapitel, in dem es um Grundbedürfnisse und u.a. um KONGRUENZ geht noch ausführlich behandeln. Unser Gehirn ist immer um Harmonie und Energiesparen bemüht, und vermeidet so gut es geht, dass Denk- oder Gefühlsinhalte, die sich nicht miteinander vertragen, miteinander um den Platz im Arbeitsspeicher konkurrieren.

Und zu guter Letzt:
Der Nucleus Accumbens („unser Belohner")
Freud würde diese Struktur als „Vater der Triebe" bezeichnen. Oder als „Platzhirsch der Motivation" (Thorsten Kienast). Er wird immer dann von dem Neurohormon **Dopamin** überflutet, wenn eine Belohnung winkt. Auf Zellen, die auf Bestrafung codiert sind, hat er keinen Einfluss.

Das Dopamin ist auch notwendig, um positive Erfahrungen ins Langzeitgedächtnis einzuspeichern. Ohne Dopamin kann praktisch keine
Neugier befriedigt werden. Manfred Spitzer bezeichnet den Nucleus
accumbens daher auch als unseren „Lernturbo". Er wird immer
aktiviert, wenn etwas neu ist und positiv bewertet wird.
Damit ist er sozusagen der Gegenspieler der Amygdala, die nicht weit
entfernt ist, und die immer aktiviert wird, wenn etwas neu ist und
negativ bewertet wird.

Das End- oder Großhirn, der Neocortex
Um die Funktionen des Gehirns besser beschreiben zu können, teilt
man das Grosshirn in vier Lappen und 45 Felder oder Areale ein
(„Brodmann-Areale" nach dem deutschen Neuroanatom Korbinian
Brodmann). Man unterscheidet auf jeder Seite
den Stirnlappen (**Frontal**cortex),
den Scheitellappen (**Parietal**cortex),
den Schläfenlappen (**Temporal**cortex),
und den Hinterhauptslappen (**Okzipital**cortex).
Dann gibt es noch die **Insula** oder den insulären Cortex tief zwischen
Stirn-, Schläfen und Scheitellappen, er gehört zu den Großhirn-
Anteilen des Limbischen Systems, in dem sich sozusagen unser
Gefühlsleben abspielt.

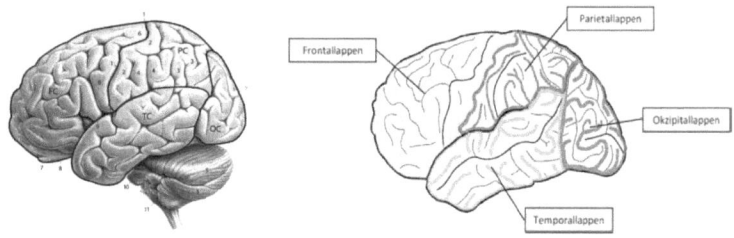

Das **Großhirn (Telencephalon)** ist der jüngster Teil unseres Gehirns,
und nirgendwo in der Tierwelt im Verhältnis zum Gesamthirn größer,

203

als beim Menschen. Man kann sagen, dass es sich den älteren Gehirnanteilen immer mehr „übergestülpt" hat. Dabei sind unvorstellbar viele Verknüpfungen innerhalb des Gehirns entstanden. Die Verbindungen in die älteren „unteren" Hirnanteile wuchsen dabei nicht im gleichen Maße, sodass es z.b. deutlich mehr Verbindungen vom Zwischenhirn in Richtung Großhirn gibt, als umgekehrt. Das erklärt z.b., warum unsere Emotionen oft einen starken Einfluss auf unser bewusstes Denken haben, dass wir aber umgekehrt unsere Emotionen und Gefühle nur sehr schwer mit unserem Denken und Handeln beeinflussen können. - Trotzdem: Es geht, und wir versuchen es zu trainieren, aber es kostet relativ viel Energie.

Zur Großhirn-Funktion gehören nicht nur die 6-schichtige Großhirnrinde **(Neo- oder Iso-Cortex)** sondern auch **subcorticale**, d.h. unterhalb des Cortex liegende Zentren. (z.b. Striato-Pallidum, basales Vorderhirn, Amygdala, Ncl. Accumbens u.a.)

In diesen **subcorticalen Zentren** spielen sich vornehmlich unsere unbewussten Affekte, Gefühle und Antriebe ab. Hier sind auch die Programme abgelegt, die wir für Standardfähigkeiten brauchen (z.b. Autofahren, 10-Finger-System, ein Instrument spielen etc.). Sozusagen eine Gruppe von Autopiloten, die alle die automatischen Verhaltensweisen steuern, die wir irgendwann gelernt haben und im Prozess des Lernens dort abgelegt haben. Da wir keine Aufmerksamkeit dafür brauchen, um sie abzurufen, spart unser Gehirn dadurch enorm viel Energie.
Erst wenn etwas Unvorhergesehenes passiert (z.b. beim Autofahren rollt ein Ball auf die Fahrbahn) wird das Bewusstsein eingeschaltet, um auf die neue Situation zu reagieren. Auch unsere „Gewohnheiten" werden stark von diesen Zentren beeinflusst.

Vereinfacht kann man sagen, dass der Neocortex u.a. der **Sitz von unserem Bewusstsein** ist, wo sich Denken, Vorstellen, Erinnern,

Assoziieren, Handlungsplanung und Sprache abspielt. Hier werden auch unsere Motive, Bewertungen und Emotionen gesteuert.

Die **Ausführung der Handlung** erfolgt dann über die motorischen Zentren im Cortex und den oben beschriebenen subcorticalen Zentren, und zwar wie die meisten Hirnfunktionen zum überwiegenden Teil unbewusst.

Für das Verständnis vieler Ausführungen in diesem Buch sollen v.a. zwei Großhirn-Bereiche kurz beschrieben werden:

Der Präfrontale Cortex (PFC, „der Entscheider")
In diesem Teil des Stirnlappens befindet sich in seinem dorsolateralen (hinten-seitlichen) Teil das Arbeitsgedächtnis, in dem die aktuellen Sinneserfahrungen (zumeist über das Sehen und Hören) zusammen mit schon vorhandenen Gedächtnisinhalten Bedeutung erlangen und bewertet werden. Seine Aktivität hängt vom aktuellen Bewusstseinszustand und damit auch von der Aufmerksamkeit ab, die seinerseits über den PFC gesteuert wird.

Vielleicht hilft Ihnen ein Bild: Sie stehen nachts in der Markthalle von IKEA und der PFC ist die Taschenlampe mit der Sie nur einen Bruchteil des riesigen Raumes ausleuchten können. Das, was Sie jetzt sehen, ist in Ihrem Bewusstsein, der Rest ist unbewusst, zumindest solange, bis Sie Ihre Aufmerksamkeit darauf lenken.

Der PFC ist letztendlich nicht nur der Entscheider darüber, wo Ihre Aufmerksamkeit hingelenkt wird, sondern auch, welche Handlungen schließlich eingeleitet werden. Hierzu findet eine ständige Bewertung der eingehenden, ausgehenden und schon vorhandenen Informationen statt. Zu seiner wichtigsten Eigenschaft gehört also die Fähigkeit, vorausschauend zu planen. - Also vielleicht die wichtigste Eigenschaft des Menschen für seinen durchschlagenden Erfolg in der Besiedlung und Beherrschung dieses Planeten. (Zumindest bis zu diesem Zeitpunkt, an dem die Komplexität der Probleme diese Fähigkeit bei vielen von uns weitgehend überschritten hat.)

Werden Teile des PFC zerstört, kommt es so gut wie immer zu erheblichen Wesensveränderungen. Man kann auch sagen, dass hier der **Sitz der Persönlichkeit** verortet ist.

Der Anteriore Cinguläre Cortex
(ACC, „der Moderator")

Wie schon erwähnt, bemüht sich unser Gehirn immer um Harmonie um Energie zu sparen. Es meidet den Konflikt von Gedächtnisinhalten, die nicht miteinander vereinbar sind. Ein Teil von Ihnen möchte das Grundbedürfnis nach Lusterfahrung befriedigen (Sie möchen ein Stück Kuchen essen), ein anderer Teil hat das Grundbedürfnis nach Bindung und Selbstwerterhöhung im Kalkül (Sie denken an Ihre Bikinifigur und den Kommentar Ihres Partners), und schon haben Sie einen wunderbaren Annäherungs-Vermeidungs-Konflikt (wir kommen noch ausführlich drauf). Und jetzt kommt der ACC als **Konfliktmanager** ins Spiel, der Erinnerungen, Bewertungen, Denken und Fühlen miteinander abgleicht und versucht den Konflikt zu lösen, oft in einem mehr oder weniger gelungenen Kompromiss.

Das waren die wichtigsten „Mitspieler" auf der Bühne des Gehirns, die darüber entscheiden, ob uns das Leben gelingt, und die dabei immer alle eine Rolle spielen, ob wir wollen oder nicht.

Anhang 04
Eigenschaften des Unbewussten

Einige dieser Eigenschaften habe ich in diesem Buch als Aufgaben des PFC beschrieben. Grawe bevorzugt den Begriff „das Vorbewusste", um damit zu betonen, dass auch unser bewusstes Denken, Handeln und Fühlen erst einmal zu einem großen Teil unbewusst vorbereitet wird.

1. Speicherung von Erinnerungen
2. Organisation des Gedächtnisses in Timeline und Gestalt
   (Zeit, Ort, Kontext – v.a. Aufgabe des Hippocampus, unser „Navi")
3. Präsentation von unaufgelösten negativen Emotionen
   an das Bewusstsein zur Bearbeitung
4. Unterdrückung von zu starken negativen Erinnerungen
5. Schutz der Unversehrtheit des Körpers
6. Steuerung der Körperfunktionen (besitzt eine Abbildung des
   momentanen Körperzustandes)
7. Steuerung der Gesundheit
   (das Unbewusste besitzt eine Abbildung von perfekter Gesundheit)
8. Kreation von Emotionen
9. Kooperiert mit dem Bewusstsein
10. Ist ökologisch, integer und unbestechlich,
    hat immer positive Absichten
11. Steuert jegliche Wahrnehmnung
12. Kommuniziert mit dem Bewußtsein (in beide Richtungen!)
13. Erzeugt, speichert, verteilt und übermittelt Energie
14. Antwortet mit Instinkten und Gewohnheiten
15. Benötigt Wiederholung bei Langzeitaufgaben
16. Will immer mehr entdecken und lernen (---> Neugier)
17. Benützt, arbeitet mit und spricht auf Symbole an (sehr wichtig)
18. Nimmt alles wörtlich
19. Arbeitet nach dem Prinzip der geringsten Anstrengung,
    auf dem Weg des geringsten Widerstandes
20. Versteht nur Ja-Botschaften
    (Wichtig für die positive Formulierung von Zielen!)

Anhang 05
„Gefühle" und „Emotionen"

Gefühle beeinflussen:
- die Gedanken
- die Wahrnehmung
- die vegetativen Körperreaktionen (Blutdruck, Atmung etc.)
- die Körperhaltung
- die Gestik und Mimik
- das Verhalten

Letztendlich also nahezu alles, was sich in unserem Gehirn abspielt. Daher ist es sinnvoll, gleich am Anfang sich mit den Versuchen zu beschäftigen, diese Funktion unseres Gehirns zu beschreiben.

Neurowissenschaftler unterscheiden zwischen:
Emotionen = die körperlichen Reaktionen auf einen äußeren Reiz
und
Gefühlen = wenn das Gehirn die Reaktionen des Körpers verarbeitet.

**Ein Gefühl bedeutet also das Bewusstwerden
einer vorangegangenen Emotion.**

Die Reaktionen des Körpers auf einen Reiz werden dabei grob
unterteilt in
1) **efferente** (=nach außen, auf die Umwelt gerichtete) **somatische** (=körperliche) Reaktionen (z.b. unwillkürlich eine Faust machen oder mit den Zähnen knirschen)
2) **vegetative** Reaktionen = Reaktionen des vegetativen (autonomen) Nervensystems, die nach innen gerichtet sind (z.B. Blutdruckanstieg, erhöhter Muskeltonus, Schweißausbruch etc.) - und
3) **affektive** (=stimmungsmäßige) Reaktionen mit negativer oder positiver Bewertung (z.B. Angst, Furcht oder Liebe, Glück)

Hinzu kommt der Begriff **Affekt** = Kurzfristige emotionale Reaktionen, die oftmals mit einem Verlust der Handlungskontrolle einhergehen. Sie sind im Gegensatz zum Gefühl meist nach außen gerichtet.

Im Vergleich zu **Stimmungen** sind Emotionen zeitlich relativ kurz und intensiv. Während Stimmungen vielfach unbemerkt auf zeitlich überdauernde Bedürfnissen beruhen, spielen bei Emotionen die jeweiligen aktuellen Auslöser die entscheidende Rolle.

Während Emotionen sich auf Personen beziehen können, zum Beispiel Wut oder Trauer, kann einer Stimmung der Bezug auf Personen vollkommen fehlen, so im Falle einer Depression.

Gefühle, Emotionen und Stimmungen sind Teile der zwischenmenschlichen Kommunikation, v.a. der nonverbalen Kommunikation, und bestimmen diese häufig wesentlich mehr als das rationale Denken.

Auch die **Intuition** beruht im Wesentlichen auf einem gefühlsmäßigen oder emotionalen Erfassen der Wirklichkeit. Bei ihr fehlt meistens noch die Erkenntnis, d.h. die kognitive (=verstandesmäßige) Verarbeitung im Frontalhirn.

Nachfolgend einige Versuche, Gefühle systematisch einzuteilen:

Paul Ekman, der eine Methode zur Emotionserkennung anhand von Gesichtsausdrücken entwickelt hat (Facial Action Coding System), hat sieben Basis-Emotionen empirisch nachgewiesen:
Freude, Wut, Ekel, Furcht, Verachtung, Traurigkeit und Überraschung.
Zum Grundgefühl zählen weiterhin Liebe, Hass und Vertrauen.

Nach Carroll E. Izard existieren zehn Formen von Emotionen, die in jeder Kultur vorkommen: Interesse, Leid, Widerwillen (Aversion), Freude, Zorn, Überraschung, Schamgefühl, Furcht, Verachtung und Schuldgefühl.

Ältere Theorien teilen Emotionen in vier Hauptgruppen ein: Angst und Verzweiflung, Ärger und Wut, Freude, Trauer. Weitere Formen sind Enttäuschung, Mitleid, Sympathie, Neid, Stolz und Verliebtheit.

Es wird vermutet, dass sich die neuronalen (über Nerven vermittelte) Träger von Emotionen in entwicklungsgeschichtlich älteren Teilen des Gehirns befinden, insbesondere im Limbischen System. Sie besitzen mit ihren neuralen und neuroendokrinen (hormonellen) Prozessen eine Schlüsselstellung für das spezifische Verhalten einer Art: Richard Dawkins beschreibt Empfindungen wie Hunger, Kälte, Sorgen, Abneigungen, Ängste, Geschlechtstrieb als genetisch bedingt. In verhaltenstherapeutischen (behaviouristischen) Theorien soll der Ausdruck von Emotionen auf ererbten angeborene Reaktionen beruhen, die biologisch vorteilhaft in der Evolution waren und Signalcharakter gegenüber Artgenossen und Mitgliedern anderer Spezies haben. D.h. der Ausdruck von Emotionen bzw. Gefühlen vermittelt ihnen ganz spezifische Botschaften. So haben v.a. negative Emotionen wie Traurigkeit, Angst, Ekel, Scham oder Schuldgefühle wichtige soziale Funktionen im Umgang mit anderen, aber auch im Umgang mit uns selbst.

Aktuelle Emotionen entstehen bei einer Person einerseits aus der Einschätzung von Ereignissen. Andererseits können Emotionen auch durch eine Wiederherstellung einer früheren emotionalen Bedeutung entstehen. Für die Aktivierung der früheren Emotionen genügt manches Mal ein ähnliches Ereignis oder eine fragmentarische Erinnerung:
Beim Entstehen von Emotionen durch Wiederherstellung ist nämlich zu unterscheiden, ob ein vergangenes Ereignis in einem bestimmten Zusammenhang erlebt wurde, es also im episodischen Gedächtnis gespeichert ist. Oder ob der Bezug zu einer Episode fehlen kann, und bereits Fragmente die Wiederherstellung von Emotionen auslösen können: Ein Kontext fehlt, und ein Wort mag ausreichen, um emotionale Erinnerungen hervorzurufen.

Wie z.B. bei der **PTBS=Posttraumatische Belastungs-Störung**:
Ein Bild, ein Klang, ein Geruch o.ä. bewirkt hier die Ausschüttung bestimmter Neurotransmitter und Hormone und verändert damit den physiologischen Zustand des Menschen. Dieser veränderte Zustand entspricht dem Erleben einer Emotion, ohne dass derjenige einen verstandesmäßigen und damit bewussten Zusammenhang zum damaligen Ereignis herstellen kann. Die körperliche Panik-Reaktion entspricht dabei der damaligen traumatischen Erfahrung.

Ereignisse, die emotional relevant sind, prägen sich besonders tief in unser Gedächtnis. Erlebnisse aus der Kindheit, die mit starken Emotionen verbunden sind, bleiben also stärker im Gedächtnis als andere. Zwischen der Amygdala, die für emotionale Bewertung von Reizen verantwortlich ist und dem Hippocampus, der für unsere Erinnerungen verantwortlich ist, besteht eine enge Verbindung. Menschen mit Schädigungen des Hippocampus sind automatisch in ihrem Gefühls- und Sozialverhalten eingeschränkt. Es ist dabei noch nicht ganz geklärt, ob das Trauma die Schädigung bewirkt oder ob ein angeborener geschädigter Hippocamus die adäquate Verarbeitung des Ereignisses verhindert.

Übung: **Glaubenssätze**

Über mich selbst

trifft zu: 1=etwas 2=einigermaßen 3=ganz und gar 0=sowohl als auch

Ich bin ...   gut   ---3--2--1--0--1--2--3--- schlecht
Ich bin ...gutaussehend---3--2--1--0--1--2--3--- hässlich
Ich bin ...   intelligent ---3--2--1--0--1--2--3--- dumm, blöd
Ich bin ...   erfolgreich ---3--2--1--0--1--2--3--- ein Loser
Ich bin ... liebenswert ---3--2--1--0--1--2--3--- zu recht unbeliebt
Ich bin ...   großzügig ---3--2--1--0--1--2--3--- ein Egoist
Ich bin ...pessimistisch ---3--2--1--0--1--2--3--- optimistisch

Über meine Mitmenschen

(Familie, Freunde, Bekannte, Arbeitskollegen etc.)
trifft zu: 1=etwas 2=einigermaßen 3=ganz und gar 0=sowohl als auch

Meine Mitm. sind ...schlecht   ---3--2--1--0--1--2--3--- gut
Meine Mitm. sind ...grausam   ---3--2--1--0--1--2--3--- hilfsbereit
Meine Mitm. sind ...abweisend ---3--2--1--0--1--2--3--- freundlich
Meine Mitm. sind ...dumm, blöd ---3--2--1--0--1--2--3--- intelligent
Meine Mitm. sind ...zum Kotzen ---3--2--1--0--1--2--3--- liebenswert

Über die (Um-)Welt

trifft zu: 1=etwas 2=einigermaßen 3=ganz und gar 0=sowohl als auch

Die Welt ist ...   gut   ---3--2--1--0--1--2--3--- schlecht
Die Welt ist ... gerecht ---3--2--1--0--1--2--3--- ungerecht
Die Welt ist ...hilfsbereit---3--2--1--0--1--2--3--- schwierig, abweisend

----

Die beiden nachfolgenden Bögen sollen unabhängig voneinander ausgefüllt werden (Vorder- und Rückseite eines Blattes) und die Ergebnisse werden dann zusammengezählt und ausgewertet (Blatt3)

Übung: **Werte-Shopping**

„Werte-Shopping" – Seite 1 von 2

Sie haben **pro Seite 100.000** .- € zur Verfügung, um dafür **maximal 4 bis 6**
„Waren" zu kaufen. Wie geben Sie Ihr Geld aus?
Wichtig: Geben Sie **für jede Ware einen anderen Betrag** aus!

Nr.	„Im Angebot"	. €
1	Die Power, die ganze Welt von Ungerechtigkeit zu befreien	
2	Allen Armen und Kranken ein erfülltes Leben zu ermöglichen	
3	Ein berühmter Mann / eine berühmte Frau auf dem Gebiet zu sein, das ich mir wünsche	
4	Jeden Tag ein Ereignis, das mich glücklich und fröhlich macht	
5	Das einzige Exemplar eines Buches. das einen tiefen Einblick in den Sinn des Lebens garantiert	
6	Ich kann als hochrangiger Politiker Einfluss nehmen	
7	Die wunderbare Beziehung zu einem anderen Menschen	
8	Ein Haus in schöner Umgebung, das von den besten Architekten entworfen und eingerichtet wurde	
9	Ein Leben ohne Krankheit	
10	Die Gabe, wertfrei und verständnisvoll mit der Meinung anderer Menschen umgehen zu können	
11	Ein Leben in Übereinstimmung mit den Menschen und der Umwelt	
12	Die Gabe, furchtlos und tatkräftig das Leben zu meistern	
13	Energie und Durchhaltevermögen, um alle Hindernisse zu meistern	
14	Ein freies und anspruchsloses Leben in natürlicher Umgebung	
15	Energie und Elan, um ein aktives Leben zu führen und andere zu begeistern	
16	Zu den zehn reichsten Menschen der Welt gehören	
17	Die Fähigkeit, Höchstleistungen zu vollbringen	
18	Ein Leben in Übereinstimmung mit meinem innersten Wesenskern	
19	Ein Leben in Übereinstimmung mit den kosmischen und göttlichen Gesetzen	
20	Die Gabe, mein Leben gezielt und durchdacht zu gestalten	
	Gesammt-Summe (Gegenrechnung)	

213

Sie haben **pro Seite 100.000** .- € zur Verfügung, um dafür **maximal 4 bis 6** „Waren" zu kaufen. Wie geben Sie Ihr Geld aus?

Wichtig: Geben Sie **für jede Ware einen anderen Betrag** aus!

Nr.	„Im Angebot"	€
21	Meinen Wunsch nach Chancengleichheit für alle Menschen zu verwirklichen	
22	Genügend Kraft, um mein Leben in den Dienst der Menschheit zu stellen	
23	Auf meinem Forschungsgebiet eine Auszeichnung erhalten, die mich als führende Persönlichkeit auf dem Gebiet kennzeichnet	
24	Die Gabe, in jeder Minute meines Lebens heiter und vergnügt zu sein	
25	Als Mensch mit tiefen Einsichten und Erkenntnissen unabhängig von Äußerlichkeiten sein	
26	An einflussreicher Stelle das Schicksal der Menschheit mitbestimmen	
27	Die Fähigkeit, meiner Umwelt Sympathie und Wärme zu schenken	
28	Eine Umwelt voller Schönheit und vollendetem Geschmack	
29	Vitalität und einen gesunden und schönen Körper	
30	Liebevolle Aufmerksamkeit für meine Mitmenschen	
31	Ein Leben in Übereinstimmung mit den Gesetzen der Natur	
32	Die Zuversicht, dass in meinem Leben alles zu meinem Besten läuft	
33	Die Kraft, jederzeit so zu handeln, wie ich will	
34	Zufriedenheit mit einem einfachen und genügsamen Leben	
35	Mit Leidenschaft einer faszinierenden Tätigkeit nachgehen	
36	Ein sorgloses Leben durch die Einkünfte eines umfangreichen Immobilienbesitzes	
37	In dem von mir gewählten Beruf zu den Besten gehören	
38	Aufrichtigkeit und Offenheit unter den Menschen	
39	Unbegrenzte Zeit, um mich den spirituellen Ideen großer Meister zu widmen	
40	Ein übersichtliches Leben mit klaren Regeln	
	Gesamt-Summe (Gegenrechnung)	

Werte-Shopping – Auswertung

Arbeitsblatt 1	1	2	Arbeitsblatt 2	1+2	WERTE HIERARCHIE
1			21		Gerechtigkeit
2			22		Verantwortung
3			23		Anerkennung, Ruhm
4			24		Freude, Fröhlichkeit
5			25		Weisheit
6			26		Einfluss, Macht
7			27		Liebe
8			28		Schönheit
9			29		Gesundheit
10			30		Verständnis
11			31		Harmonie
12			32		Vertrauen, Mut
13			33		Starker Wille
14			34		Einfachheit
15			35		Begeisterung
16			36		Materielle Sicherheit
17			37		Leistungsfähig-keit, Energie
18			38		Wahrhaftigkeit
19			39		Spiritualität
20			40		Klarheit, Ordnung

Diese kleine Übung erhebt nicht den Anspruch einer wissen-schaftlichen Studie, aber man erhält einen Anhaltspunkt für die Gewichtung der Werte des Patienten bzw. Coachees. Daran anknüpfend kann man dann als Therapeut/Coach weiterfragen und versuchen bewusst zu machen, inwieweit das erhobene Ergebnis mit der eigenen Wahrnehmung zutreffend (kongruent) ist, und inwieweit die gefundenen Werte miteinander verträglich (konsistent) sind.

Weitere interessante Fragen könnten sein: Was haben die Werte (sofern von mir bewusst bestätigt) mit meiner momentanen Lebens-Situation zu tun? Wie hat sich das System und die Gewichtung meiner Werte im Laufe des bisherigen Lebens verändert? Was spielt das für eine Rolle für die Lösung der aktuellen Probleme?

Man muss sich immer klar machen, dass die Wahrheit ein Mosaik ist aus vielen Puzzle-Teilen, und die Übungen in diesem Buch lediglich dazu dienen sollen, ein paar der Puzzle-Teile aufzudecken, in der Hoffnung, irgendwann ein klareres Bild zu sehen, das Ansatz-Punkte für die Lösung der aktuellen Probleme bietet.

Übung: **Die Disney-Strategie**

Es geht um eine Kreativitäts-Methode auf der Basis eines Rollenspiels, bei dem eine oder mehrere Personen ein Problem aus **drei Blickwinkeln** betrachten und diskutieren.

1-Der Träumer ist enthusiastisch, darf auch „spinnen" und sollte möglichst wenig vorab zensieren.

2-Der Realist nimmt einen pragmatisch-praktischen Standpunkt ein, entwickelt Pläne, was zu tun ist, und untersucht die notwendigen Arbeitsschritte, Mechanismen und Voraussetzungen.

3-Der Kritiker fordert heraus und prüft die Vorgaben der anderen. Ziel ist konstruktive und positive Kritik, die hilft, mögliche Fehlerquellen zu identifizieren.

Wichtig: **Reihenfolge** beachten:
nach dem **Träumer** kommt immer der **Realist**, erst dann der **Kritiker**, nie umgekehrt.

Der Clou dabei ist, diese 3 Positionen zu „verorten", d.h. räumlich zu verankern:

Variation 1:
Sie stellen 3 verschiedene Stühle auf, die Sie mit den 3 Positionen markieren.

Variation 2:
Sie begeben sich in jeder Rolle in ein anderes Zimmer
(mit Stift und Papier).
Hilfreich sind dabei Flipcharts, Whiteboards, Moderatoren-Karten u.ä.

Die drei Positionen der Disney Strategie nochmal im Einzelnen:

Der Träumer

darf träumen ohne Begrenzungen und Beschränkungen.
Er hat große Visionen und der Phantasie sind keine Grenzen gesetzt.
Er betrachtet die Einwände des Kritikers als Anregung, seinen Traum zu verbessern und ggf. zu erweitern, und er nimmt es sportlich und ist nie beleidigt!

Der Realist

ist der Umsetzungsstratege, der Realisator. Er zerlegt das große Ganze in einzelne Arbeitsschritte, in einzelne Häppchen und plant aktiv Schritt für Schritt und denkt über die Realisierung nach. Er stellt sich die Frage, wie er den Traum Wirklichkeit werden lassen kann.

Der Kritiker

Macht eine Art Qualitätskontrolle, sucht Schwachstellen in der Realisierung und findet heraus, warum es nicht funktionieren kann.
Er findet die Punkte, die es an den Planungen auszusetzen gibt und überprüft alles kritisch. Der Kritiker hinterfragt die Umsetzungsstrategien des Realisten, das ist seine Aufgabe.
Seine Aufgabe ist explizit nicht, die Ideen des Träumers zu kritisieren, denn es geht nicht darum den Traum zu zerstören, sondern Fehler in der Umsetzung ausfindig zu machen.

Der **Träumer hat eine Vision**.
Der **Realist sagt, wie es gehen kann**.
Der **Kritiker hilft durch seine Einwände, den Plan zu verbessern**.

Modifikation: die 4. Position:
Sie besetzen noch eine 4. Position mit dem „**Neutralen Beobachter**",
der die Aufgaben hat, zu moderieren.

218

Als Gruppenrollenspiel nehmen verschiedene Personen die einzelnen Positionen ein, diskutieren ein Problem bis ein Standpunkt erreicht ist. Dann wechseln sie die Rollen und diskutieren erneut usw. bis ein ausreichend guter Entwicklungsstand erreicht ist.

Exkurs: **Zur Neurobiologie der „Kreativität"**

Disney hatte seine Ideen in der 2. Hälfte des letzten Jahrhunderts entwickelt, R. Dilts die oben beschriebene Strategie Mitte der 70er, und heute beschreiben Neurobiologen den Begriff „Kreativität" über drei Netzwerke, die nahezu perfekt der in der Disney-Strategie beschriebenen Idee entsprechen.

Nachfolgend ein Auszug aus einem Artikel des **„American Scientist", 2020, „Mapping the creative mind"** von Roger E. Beaty (Professor für Psychologie an der Pennsylvania State University) und Yoed N. Kennett (Assistenzprofessor am Technion Israel Institute of Technology in Haifa), zitiert nach einem Artikel aus **Gehirn&Geist 8/2021**.

„Dabei kommen verschiedene neuronale Schaltkreise zum Einsatz. Ihre Aktivität lässt sich per funktioneller Magnetresonanztomografie (fMRT) messen, die Veränderungen im Blutfluss des Gehirns registriert. Als wir Versuchspersonen im Hirnscanner Kreativitäts-aufgaben vorlegten und gleichzeitig ihre Hirndurchblutung aufzeichneten, stellten wir fest: Beim divergenten Denken verändert sich die Kommunikation zwischen den Netzwerken. Eines davon ist das **Default Mode Network (DMN).** *Es wurde Ende der 1990er Jahre per Zufall entdeckt, als Forscher die Hirnaktivität von Versuchs-personen maßen, während diese im fMRT-Scanner Rechen oder Gedächtnistests absolvierten. Areale wie der hintere Teil des cingulären Kortex (PCC) und die Inselrinde (Insula) wurden vermehrt aktiv, wenn die Teilnehmer pausierten. Daher der Name »default mode«, was so viel heißt wie Grundmodus. Sobald sich Probanden*

wieder anspruchsvollen Dinge widmeten, verstummten diese Areale. Daraus schloss man, dass das DMN an kognitiven Prozessen unbeteiligt ist oder sie sogar behindert.

Heute wissen wir, dass sich gerade dann, wenn wir kein spezielles Ziel verfolgen, ein Großteil unserer mentalen Aktivität abspielt: Wir denken über vergangene Ereignisse nach, malen uns die Zukunft aus, spielen Szenarien durch. Dies kann stören, wenn wir uns auf Umweltreize konzentrieren wollen. Deswegen schaltet sich das DMN dann ab. Dagegen scheint es eine tragende Säule kreativen Denkens zu sein, da es im Gedächtnis gespeicherte Informationen bereitstellt, ohne dass wir aktiv danach suchen. Im Gegensatz dazu unterstützt das **exekutive Netzwerk** *jene Prozesse, die Konzentration und vorausschauendes Planen erfordern – etwa wenn wir uns speziellen Aufgaben widmen oder irrelevante Reize ignorieren. Das exekutive Netzwerk ermöglicht es uns, unsere Gedanken zielgerichtet zu steuern. Daher erscheint es häufig als Gegenspieler des DMN.*

Ein drittes Netzwerk, das zum kreativen Denken beiträgt, ist das **Salienznetzwerk** *(salient = hervorstechend). Es umfasst vor allem Areale im Scheitel- sowie im Schläfenlappen und ist dafür verantwortlich, relevante Informationen zu identifizieren. Angenommen, ein Blitzlicht oder Klingelton erregt Ihre Aufmerksamkeit. Dann springt Ihr Salienznetzwerk an, welches das Gehirn vom Grundmodus in einen aufmerksamen Zustand versetzt. Das kann man sich so ähnlich wie eine Weiche vorstellen, die vom Produzieren auf das Sichten von Ideen umschaltet.* “

Wir können also durchaus den **„Träumer"** dem Default-mode-Netzwerk zuordnen, bei dem sich sozusagen unser Stirnhirn zurückhält.
Dem **„Realist"** kann man demnach das Exekutive Netzwerk zuordnen, das die Realisation (vgl. „Exekutive") des Projektes vorantreibt.

Und der **„Kritiker"** wird aktiv, wenn ein Punkt besondere Aufmerksamkeit erfordert und sich das Salienznetzwerk einschaltet.

Hier zeigt sich sehr schön, wie viele Theorien in der Psychologie seit den 90ern zunehmend durch die Erkenntnisse der Neurobiologie entweder verifiziert und erklärt werden, oder im anderen Fall auch falsifisiert und verworfen werden können. Damit steht auch die Psychotherapie zunehmend auf wissenschaftlichen Füßen. Gerade im NLP hat man immer viel Wert darauf gelegt, ideologische Überlegungen und „Schulen" beiseitezuschieben um sich auf Methoden und Techniken zu konzentrieren, die augenscheinlich „funktionieren", und versucht, sie auf ein möglichst exaktes wissenschaftliches Fundament zu stellen.

Darauf, dass es zunehmend auch NLP-Richtungen gibt, die auf Manipulation statt auf Lebenshilfe hinarbeiten, habe ich gleich im Prolog schon hingewiesen. Auch diese Richtungen werden zunehmend „wissenschaftlicher". Daran sieht man wieder, dass jede, wirklich jede Maßnahme in der Medizin auch Nebenwirkungen hat. Dabei sollte man aber die positiven Wirkungen, um die es ja eigentlich geht, nicht aus den Augen verlieren.

Anhang 09
Übung: **Positionen-Wechsel**

Diese Übung ist ähnlich wie die Disney-Strategie, bei der wir ebenfalls verschiedene Positionen einnehmen. Hier allerdings nicht, um die Realisation einer Idee durchzuspielen, sondern um einen zwischenmenschlichen Konflikt (z.B. mit dem Partner, der Mutter oder dem Vater etc.) aus verschiedenen Blickwinkeln zu betrachten.

Wir können hierzu z.B. 4 Stühle im Raum aufstellen oder 4 Papier-blätter auf den Boden legen oder verschiedene Symbole wählen:

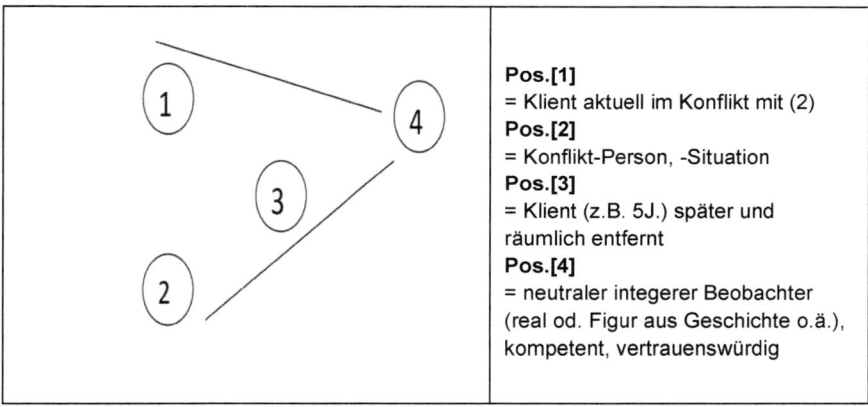

Pos.[1]
= Klient aktuell im Konflikt mit (2)
Pos.[2]
= Konflikt-Person, -Situation
Pos.[3]
= Klient (z.B. 5J.) später und räumlich entfernt
Pos.[4]
= neutraler integerer Beobachter (real od. Figur aus Geschichte o.ä.), kompetent, vertrauenswürdig

Beginnen Sie mit Pos. [1]

- Bilden Sie einen Satz mit: „Mein Problem mit [2] ist, dass …"
  Wichtig: etwas über <u>sich</u> sagen lassen, nicht über das Problem
- Welche Gefühle haben Sie dabei?
- Welche körperlichen Reaktionen merken Sie?
- Stellen Sie ihr Gefühl pantomimisch dar.
- Wie wirkt sich das auf Ihr Gefühlserleben aus?

Wechsel auf Pos. [2]:

- Wie nehmen <u>Sie</u> die Situation wahr?
- Beschreiben Sie die Situation aus Ihrer Sicht.
- Was für Gefühle bzw. ein Gefühl löst das in Ihnen aus?
- Wie fühlen Sie sich körperlich dabei?
- Bilden Sie einen Satz mit: „Mein Problem mit [1] ist, dass …"
- Stellen Sie ihr Gefühl pantomimisch dar. (Körperhaltung vergleichen)

------ Unterbrecher (z.B. fragen, was es gestern zum Essen gab o.ä.) -

Wechsel auf Pos. [3]:

- Beschreiben Sie aus dieser in der Zukunft liegenden Position die Situation, als wäre es jetzt, heute
- weiter konkrete Fragen bzgl. der Situation, welche <u>Muster</u> werden erkannt…
- Welche Fähigkeit(en) müsste [1] entwickeln, um mit [2] besser klar kommen zu können?

---- Unterbrecher (z.B. fragen, was es gestern im Fernsehen gab o.ä.)

Beobachtungen aus Pos. [4]: - Wen nehmen wir hier? Eine Person, zu der Sie Vertrauen und vor der Sie Respekt haben und die auch kompetent ist. Kann auch jemand aus einem Film oder aus dem Fernsehen sein, evtl. auch aus der Literatur oder Geschichte. Wichtig: Sie müssen der Person zutrauen, dass sie ehrlich, unabhängig und für alle respektvoll urteilt.

- Was sehen Sie hier für Personen, für eine Situation, Konstellation etc.
- Weitere auf die konkrete Situation bezogene Fragen
- Welche Fähigkeit(en) müßte [1] entwickeln, um mit [2] besser klar kommen zu können?

Zurück auf Pos. [3]:

- Welche der benannten Eigenschaften wollen Sie jetzt entwickeln (auf 1-2 reduzieren und konzentrieren)
- Wann haben Sie das Gefühl von ... (benannte Eigenschaft) schon mal intensiv erlebt?
- Zu wieviel % können Sie dieses Gefühl von ... hier und jetzt wiederbeleben?
- Mit allen Sinnen ins Hier und Jetzt zurückholen, bis mind. 50% erlebt werden
- Wie wirkt sich das auf Ihren Körper aus?
- Stellen Sie ihr Gefühl pantomimisch dar. (Körperhaltung vergleichen)

Als Ergänzung für die Interessierten und Abschluss der beiden Kapitel über die Grundlagen meiner Vorstellung von Psychotherapie, noch zwei Exkurse zur Tiefenpsychologischen Technik.

Sie beruhen wie häufig in der Psychologie auf Modellen, die das Arbeiten in diesem komplexen Gebiet erleichtern sollen, indem sie einzelne Aspekte strukturieren.

Anhang 10
Exkurs: **Die 4 Grundkonflikte nach Rudolf**

Der Psychoanalytiker Gerd Rudolf hat aus den Erkenntnissen über den Zusammenhang von Kindheitserlebnissen und Persönlichkeits-entwicklung das Konzept von vier in der Kindheit und frühen Jugend entstandenen „Grundkonflikte" entwickelt.

Beim **Grundkonflikt der NÄHE** der einer sehr frühen Lebens-phase zugeschrieben wird, geht es um die Frage, WAS BIN ICH?
Der Säugling entwickelt aus der Beziehung zum Objekt seiner Hinwendung (meist ist es die Mutter) eine Erfahrung seiner Existenz.
Wird dieses Grundbedürfnis schlecht befriedigt, z.B. durch Vernachlässigung (physisch oder emotional) oder gar Misshandlung, entsteht nach dieser Theorie eine emotionale Leere und eine diffuse innere Erregung bis zur Selbstverlust- oder Vernichtungsangst.
Erkrankungen die damit verbunden sind, sind Psychosen, Impulsstörungen, Borderline-Störungen, oft mit Selbstverletzungen bzw. Selbststimulierung. Also sehr schwere und tiefgehende Störungen des SELBST (sozusagen die psychische Grundstruktur), die oft sehr schwer zu behandeln sind.

Beim **Grundkonflikt der BINDUNG** geht es um die Frage des SELBSTWERT. Wenn der Andere mir Sicherheit und Wohlbehagen gibt, bin ich liebenswert, sonst nicht. Das heißt: „Ich bin wert, was ich bekomme". Man nennt ihn auch den „depressiven Grundkonflikt".

Typische emotionale Zustände sind Traurigkeit, Wut, Hilflosigkeit, Verzweiflung und Schmerz.

Typische Erkrankungen, die auf diesen Grundkonflikt zurückzuführen sind, sind Depressionen, Suchterkrankungen, Angsterkrankungen und sogenannte Somatoforme Schmerzstörungen. Wir erleben hier oft Schmerzpatienten, denen die Ärzte trotz mehrere Zentimeter dicker Röntgenmappe immer wieder sagen: wir finden nichts, es wird wohl die Psyche sein. Früher wurden diese bedauernswerten Menschen oft als Simulanten abqualifiziert, noch bis vor kurzen haben auch viele Ärzte z.b. den Begriff „Fibromyalgie" abgelehnt. Heute wissen wir, dass diese Patienten eine besondere Störung in der Schmerzverarbeitung im Gehirn aufweisen.

– Merke: auch Ärzte lernen ständig dazu.

Beim **Grundkonflikt der AUTONOMIE** geht es um die Möglichkeit zum eigenverantwortlichen Handeln und die Fähigkeit, nach eigenem Willen und eigenen Überzeugungen zu handeln. Voraussetzung ist eine ausreichende und meist gute Erfahrung einer sicheren Bindung.

Es geht hier um unsere SELBSTACHTUNG und den Glaubenssatz: „ich bin wert, was ich kann". Die Menschen können hier sehr schwer mit Verlusten umgehen, da diese die Kontrolle über ihr Leben bedrohen. Sie leiden stark unter Trennungsangst, entwickeln häufig Panikattacken oder Phobien und neigen zur Katastrophisierung, d.h. sie erwarten immer nur das Schlechteste und sind schwer von einer positiven Weltsicht zu überzeugen.

Typische Erkrankungen, die damit verbunden sind, sind Zwangsneurosen, eine Anorexia nervosa und spezielle Angststörungen (z.B. Agoraphobie oder eine soziale Phobie)

Beim **Grundkonflikt der IDENTITÄT** geht es vordergründig um die Frage: WER BIN ICH? und WO GEHÖRE ICH HIN? (Zugehörigkeit). Aber eigentlich geht es um die Frage: Wie werde ich geliebt und geachtet? Damit verbunden ist häufig die Angst vor Liebes-Entzug. Der zentrale Aspekt, auch in der Therapie ist die Frage nach der SELBSTLIEBE. Wie sehr kann ich mich selber achten und lieben. In der Bibel steht zwar: „Liebe deinen Nächsten wie dich selbst", aber eigentlich müsste es heißen: Liebe dich erst mal selber, erst dann kannst du die Anderen lieben.

Störungen in diesem Bereich zeichnen sich v.a. durch stark wechselnde Affekte aus. Oft mit erotischen Inhalten oder der Neigung zum (Fremd-)Schämen. Typische Erkrankung die damit verbunden sind, sind Essstörungen (Bulimie, Adipositas), hysterische Persönlichkeitsstörungen oder sog. Konversionsneurosen, also körperliche Beschwerden, die mehr oder weniger auf psychische Störungen zurückzuführen sind.

Man muss sich bei diesen Zuschreibungen bewusst sein, dass wir hier immer mit Modellen arbeiten, die mal mehr mal weniger exakt auf den individuellen Fall zutreffen, die meistens Mischformen darstellen. Aber unser Gehirn arbeit nun mal mit Modellen, mit Welten, die es sich selber schafft.

Anhang 11
Exkurs: **Grundkonflikte nach der Operationalisierten Psychodynamischen Diagnostik (OPD)**

Psychodynamik ist die Lehre vom Wirken innerseelischer Kräfte.

Theodor Fechner hatte schon Mitte des 19.Jahrhunderts versucht, die „Seelenbewegungen" in der Art der damals üblichen physikalisch-dynamischen Betrachtungsweise zu beschreiben. Es war das Zeitalter der Dampfmaschinen und ersten Technikbegeisterung. Die Zusammenhänge zwischen den Sinneseindrücken, der Verarbeitung im Gehirn und dem subjektiven Erleben sollten damit möglichst klar dargestellt werden, analog den physikalischen Kräften, die auf eine Pumpe oder in einer Maschine wirken, die damit einen erwünschten Effekt auf die erstrebten Ziele haben.

Das OPD-System nimmt diesen Grundgedanken auf, indem die psychischen Vorgänge in einzelne Aspekte (Achsen) zerlegt werden. So wie jeder Physiker heute weiß, dass dieses Zerlegen in Einzelteile nie hundert Prozent die Wirklichkeit beschreibt, weiß jeder Psychotherapeut, dass diese Achsen nur „Hilfslinien" sind, um sich besser über die eigentlichen, viel komplexeren Vorgänge orientieren und unterhalten zu können und es hilft, therapeutische Konzepte unter verschiedenen Gesichtspunkten zu entwickeln.

Die III. Achse in diesem System versucht die Verarbeitung von psychischen Konflikten zu schematisieren, indem sie die verschiedenen Konflikte und ihre Verarbeitung in ihren Extrem-Polen gegenüber stellt.

Dabei werden **8 GRUNDKONFLIKTE** unterschieden:

1. Abhängigkeit vs. Individuation:
a) Im einen Extrem würde ein Mensch mit diesem Grundkonflikt eine Abhängigkeit erzeugende Beziehung suchen als „willkommene Abhängigkeit".
b) Im anderen Extrem eine emotionale Unabhängigkeit aufbauen und die Bindungswünsche unterdrücken.

2. Unterwerfung vs. Kontrolle:
a) Im einen Extrem nimmt der Mensch die Gegebenheiten als Schicksal hin, dem er sich fügt, dabei sind Erleben und Verhalten geprägt von Gehorsam und Unterwerfung.
b) Im anderen Extrem bestimmen Kontrolle und Auflehnung („Bekämpfen") das Erleben und Verhalten.

3. Versorgung vs. Autarkie:
a) Im einen Extrem führen Versorgungs- und Geborgenheitswünsche zu starker Abhängigkeit und der Mensch wirkt passiv und anklammernd.
b) Im anderen Extrem nimmt der Mensch keine Hilfe an und wehrt die Wünsche nach Hilfe ab, indem er sich als anspruchslos darstellt.
c) In einer **altruistischen Konfliktverarbeitung** bekommen Andere die Versorgung, nach der er sich selbst unbewusst sehnt.

4. Selbstwert vs. Objektwert:
a) Es bestehen Selbstwertkonflikte, die in einem Extrem als Minderwertigkeit erlebt werden, während Andere aufgewertet oder idealisiert werden.
b) Im anderen Extrem werden kompensatorische Anstrengungen erbracht
(z.B. das Anhäufen von Luxusgütern), die das Selbstbild bis hin zum Größenwahn stützen, während Andere abgewertet werden.

5. Über-Ich- und Schuldkonflikte:

a) Im einen Extrem führt die Schuldübernahme bis zur masochistischen Unterwerfung. Es regiert ein unerbittliches Über-Ich.
b) Im anderen Extrem sieht der Mensch die Schuld nur beim anderen, wobei ihm jegliche Form eigener Schuldgefühle und Selbstzweifel fehlen.

6. Ödipal-sexuelle Konflikte:

a) Im einen Extrem nimmt der Mensch seine Erotik und Sexualität nicht wahr bzw. wehrt sie ab
b) Im anderen Extrem bestimmt sie alle Lebensbereiche, ohne dass eine Befriedigung gelingt.
(Dies meint nicht sexuelle Funktionsstörungen anderer Herkunft.)

7. Identitätskonflikte:

a) Bei sonst hinreichenden Ich-Funktionen übernimmt der Mensch die Geschlechts-, Rollen oder Gruppenidentität anderer
b) oder überspielt die Identitätsambivalenz kompensatorisch.

8. Fehlende Konflikt- und Gefühls- Wahrnehmung:

Bei diesem Grundkonflikt werden Konflikte, Gefühle und Bedürfnisse bei sich und anderen nicht wahrgenommen, oder sie werden durch sachlich-technische oder philosophische Beschreibungen ersetzt.
(Abwehr durch Rationalisierung)

In den seltensten Fällen handelt es sich nur um einen oder zwei solcher Konflikte. Es ist trotzdem sinnvoll, sich an dieser Schematisierung zu orientieren, um sich in der Therapie erst mal auf die wichtigsten, bzw. auf die „in der Tiefe der Seele" liegenden, meistens in der Kindheit entstandenen Konflikte zu konzentrieren, die in aller Regel auch den aktuellen Konflikt wesentlich mitbestimmen.
(Daher der Begriff „Tiefenpsychologisch fundierte Psychotherapie")

Epilog

Ich hoffe, ich konnte Ihnen mit diesem kleinen Kompendium ein paar Ideen an die Hand geben, damit Sie lernen, wie Sie mit Ihren ganz persönlichen Problemen besser umgehen können. Es ist kein Lehrbuch, sondern eine Sammlung von Erkenntnissen und Erfahrungen und dem Versuch, Ihnen die Arbeitsweise unseres Gehirns und auch der Psychotherapie etwas besser verständlich zu machen, damit Sie diese spannenden Erkenntnisse für sich nutzen können. Ich wünsche Ihnen bei der Umsetzung in ihre ganz persönliche Veränderungsarbeit viel Erfolg und Alles Gute.

Dr. med. Fritz-Ulrich Deuringer
Frauenarzt und Psychotherpeut

Jeder
Gedanke
ist eine
Realität,
eine Kraft,
ein Baustein
am werdenden
Schicksal . . .

. . . im Guten
wie im Bösen

Danke vor allem an

Dr. med. Ilse-Maria Fahrnow und ihren Ehemann Jürgen
für zwanzig unvergessliche NLP-Wochenenden
in Bad Kissingen vor über 20 Jahren

und

Dr. med. Werner Polster
für eine kompakte und kompetente
Tiefenpsychologisch fundierte Ausbildung
an seiner Akademie in Pforzheim

sowie

vielen Patientinnen und Patienten
von denen ich im Laufe der letzten 30 Jahre
sehr viel gelernt habe.